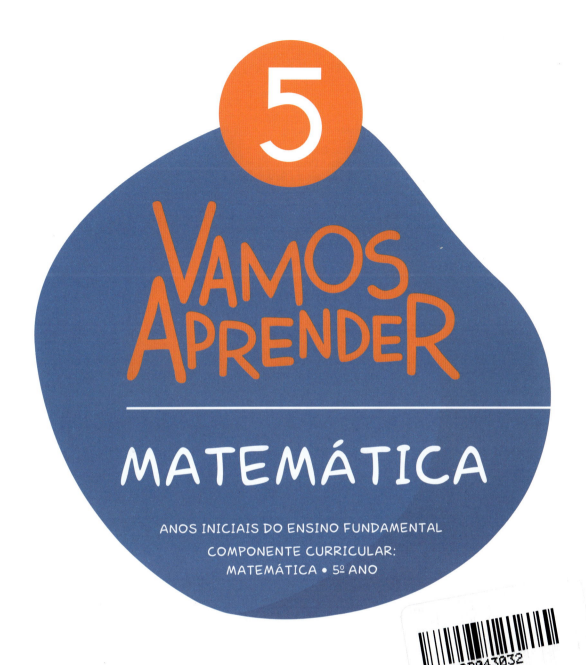

5

VAMOS APRENDER

MATEMÁTICA

ANOS INICIAIS DO ENSINO FUNDAMENTAL

COMPONENTE CURRICULAR:
MATEMÁTICA • 5º ANO

Eduardo Chavante

Licenciado em Matemática pela Pontifícia Universidade Católica do Paraná (PUC-PR).
Atua como professor da rede pública de Ensino Fundamental e Ensino Médio no estado do Paraná.
Autor de livros didáticos para o Ensino Fundamental.

Jacqueline Garcia

Licenciada em Matemática pela Universidade Estadual de Londrina (UEL-PR).
Especialista em Psicopedagogia pela UEL-PR.
Atuou como professora na rede particular em Educação Infantil, Ensino Fundamental e
Ensino Médio no estado do Paraná.
Realiza palestras e assessorias para professores em escolas particulares.

São Paulo, 1ª edição, 2017

Vamos aprender Matemática 5
© Edições SM Ltda.
Todos os direitos reservados

Direção editorial	M. Esther Nejm
Gerência editorial	Cláudia Carvalho Neves
Gerência de *design* e produção	André Monteiro
Coordenação de *design*	Gilciane Munhoz
Coordenação de arte	Melissa Steiner Rocha Antunes, Ulisses Pires
Coordenação de iconografia	Josiane Laurentino
Coordenação de preparação e revisão	Cláudia Rodrigues do Espírito Santo
Suporte editorial	Alzira Bertholim Meana
Produção editorial	Scriba Soluções Editoriais
Supervisão de produção	Priscilla Cornelsen Rosa
Edição	Lucília Franco Lemos dos Santos, Daiane Gomes de Lima Carneiro
Preparação de texto	Viviane Teixeira Mendes
Revisão	Ana Paula Felippe, Claudia Maietta
Edição de arte	Mary Vioto, Barbara Sarzi, Janaina Oliveira
Pesquisa iconográfica	André Silva Rodrigues, Soraya Pires Momi
Tratamento de imagem	José Vitor E. Costa
Capa	João Brito, Carla Almeida Freire
Imagem de capa	Fernando Volken Togni
Projeto gráfico	Marcela Pialarissi, Rogério C. Rocha
Editoração eletrônica	Renan Fonseca
Fabricação	Alexander Maeda
Impressão	Pifferprint

Em respeito ao meio ambiente, as folhas deste livro foram produzidas com fibras obtidas de árvores de florestas plantadas, com origem certificada.

Dados Internacionais de Catalogação na Publicação (CIP)
(Câmara Brasileira do Livro, SP, Brasil)

Garcia, Jacqueline da Silva Ribeiro
 Vamos aprender matemática, 5º ano : ensino
  fundamental, anos iniciais / Jacqueline da Silva
  Ribeiro Garcia, Eduardo Rodrigues Chavante. –
  1. ed. – São Paulo : Edições SM, 2017.

 Suplementado pelo manual do professor.
 Bibliografia.

 ISBN 978-85-418-2008-0 (aluno)
 ISBN 978-85-418-2009-7 (professor)

 1. Matemática (Ensino fundamental) I. Chavante,
Eduardo Rodrigues. II. Título.

17-11090   CDD-372.7

Índices para catálogo sistemático:
1. Matemática : Ensino fundamental 372.7

1ª edição, 2017
2ª impressão, 2019

Edições SM Ltda.
Rua Tenente Lycurgo Lopes da Cruz, 55
Água Branca 05036-120 São Paulo SP Brasil
Tel. 11 2111-7400
edicoessm@grupo-sm.com
www.edicoessm.com.br

APRESENTAÇÃO

Caro aluno, cara aluna,

Conhecer mais sobre nós mesmos e a nossa sociedade é muito importante para compreendermos e transformarmos o mundo em que vivemos.

Pensando nisso, criamos este livro para você, pois, sem um leitor, ele seria apenas um apanhado de letras, números e símbolos. Sabemos que em suas mãos ele se tornará uma poderosa ferramenta, capaz de ampliar esses conhecimentos.

Ao elaborar esta coleção, consideramos seu aprendizado e seu desenvolvimento dentro e fora da sala de aula. Assim, você terá a oportunidade de ler, escrever, pintar, desenhar, pesquisar, entrevistar, completar esquemas, relacionar informações, analisar imagens, fazer experiências e construções e jogar. Com tudo isso, você vai perceber que estudar é muito divertido!

Bom estudo!

SUMÁRIO

CONHEÇA OS ÍCONES

 Responda à atividade oralmente.

 A atividade envolve ilusão de óptica.

 Efetue os cálculos mentalmente.

 Resolva no caderno.

 A atividade é desafiadora.

 Utilize a calculadora.

 Realize estimativas ou aproximações.

 Leia e interprete informações contidas em gráfico e tabela.

1 Números

Sardinha: cerca de 25 centímetros de comprimento.

Steve De Neef/ National Geographic/Getty Images

Cardume de sardinhas nadando sobre um recife de coral nas Filipinas.

Ponto de partida

1. Em sua opinião, há quantos peixes nesse cardume?

2. Ao observar a foto, podemos dizer que esses peixes estão em um aquário, em um rio ou no mar?

Sistema de numeração decimal

Desde os tempos primitivos, o ser humano sente a necessidade de contar. Acredita-se que, naquela época, ele sabia contar apenas até três. Quantidades maiores do que três eram, provavelmente, citadas como "muitos".

Quando ainda não existiam símbolos para representar números, o ser humano usava recursos como marcas em pedras ou em ossos para registrar quantidades.

Com o passar dos anos, foram desenvolvidas outras maneiras de contar e registrar quantidades. Esses registros evoluíram e alguns povos desenvolveram seu próprio sistema de numeração, contendo símbolos e regras para escrever os números.

Atualmente, usamos o **sistema de numeração decimal**, que recebe esse nome porque os elementos são agrupados de 10 em 10. Nesse sistema, usamos os símbolos 0, 1, 2, 3, 4, 5, 6, 7, 8 e 9, chamados **algarismos**.

Unidade, dezena, centena e unidade de milhar

Podemos representar unidades, dezenas, centenas e unidades de milhar usando cubinhos, barras, placas e cubos.

Cubinho.

1 unidade

Ao agruparmos 10 cubinhos, obtemos uma **barra**.

1 dezena

Ao agruparmos 10 barras, obtemos uma **placa**.

1 centena

Ao agruparmos 10 placas, obtemos um **cubo**.

1 unidade de milhar

Ilustrações: Tamires Rose Azevedo

Vamos representar o número 1 534 com cubo, placas, barras e cubinhos.

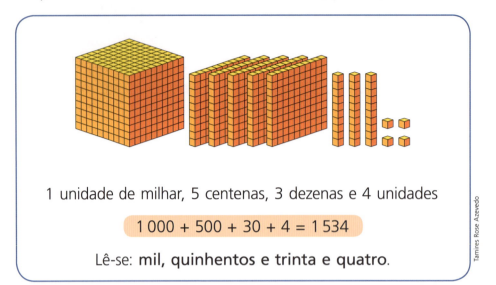

1 unidade de milhar, 5 centenas, 3 dezenas e 4 unidades

1 000 + 500 + 30 + 4 = 1 534

Lê-se: **mil, quinhentos e trinta e quatro**.

Pratique e aprenda

1. Complete os esquemas abaixo de acordo com as quantidades que estão representadas.

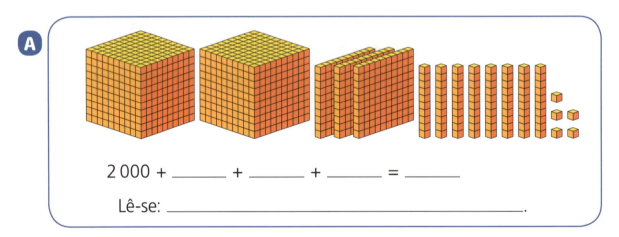

A

2 000 + _____ + _____ + _____ = _____

Lê-se: _____.

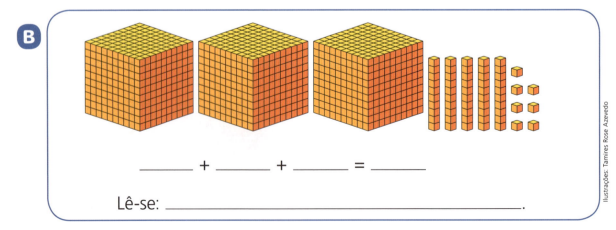

B

_____ + _____ + _____ = _____

Lê-se: _____.

Classe dos milhares

Pedro fez uma pesquisa para um trabalho da escola a respeito da população declarada indígena no Brasil. Veja a informação que ele encontrou.

PESQUISANDO NO *SITE* DO IBGE, VERIFIQUEI QUE, NO ANO DE 2010, A POPULAÇÃO DE INDÍGENAS DECLARADOS POR COR OU RAÇA NO BRASIL ERA DE 817 963 HABITANTES.

Podemos escrever o número que representa a população indígena no **quadro de classes e ordens**.

Classe dos milhares			Classe das unidades simples		
6ª ordem	5ª ordem	4ª ordem	3ª ordem	2ª ordem	1ª ordem
centenas de milhar CM	dezenas de milhar DM	unidades de milhar UM	centenas C	dezenas D	unidades U
8	1	7	9	6	3

A posição ocupada por um algarismo em um número indica uma **ordem**. As ordens são agrupadas de 3 em 3, da direita para a esquerda, formando as **classes**. O número 817 963, por exemplo, tem 6 ordens e 2 classes e é lido da seguinte maneira: **oitocentos e dezessete mil, novecentos e sessenta e três**.

Nesse número, o algarismo 6 está na classe das unidades simples e ocupa a 2ª ordem (dezenas), portanto seu valor posicional é 60.

1. De acordo com o número que representa a população indígena em 2010, escreva o algarismo que ocupa:

- a 4ª ordem. _____
- a 5ª ordem. _____
- a 6ª ordem. _____

2. Escreva o valor posicional dos algarismos indicados na atividade anterior. _____

3. Complete o que falta em cada item.

a.

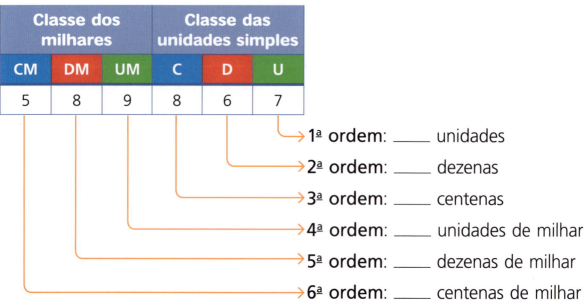

Classe dos milhares			Classe das unidades simples		
CM	DM	UM	C	D	U
5	8	9	8	6	7

1ª ordem: _____ unidades

2ª ordem: _____ dezenas

3ª ordem: _____ centenas

4ª ordem: _____ unidades de milhar

5ª ordem: _____ dezenas de milhar

6ª ordem: _____ centenas de milhar

b.

Classe dos milhares			Classe das unidades simples		
CM	DM	UM	C	D	U
1	2	7	4	1	3

1ª ordem: _____ unidades

2ª ordem: _____ dezena

3ª ordem: _____ centenas

4ª ordem: _____ unidades de milhar

5ª ordem: _____ dezenas de milhar

6ª ordem: _____ centena de milhar

4. Guilherme vai compor um número de seis ordens com as seguintes fichas.

3 centenas	1 centena de milhar	4 dezenas de milhar

5 dezenas	2 unidades	7 unidades de milhar

a. Complete o quadro de classes e ordens com o número que Guilherme vai obter, de acordo com o que está indicado em cada ficha.

Classe dos milhares			Classe das unidades simples		
CM	DM	UM	C	D	U

b. Escreva por extenso o número do quadro de classes e ordens.

_____

5. Complete com o valor posicional dos algarismos.

a. 28 436 = 20 000 + _____ + _____ + _____ + _____

b. 71 824 = _____ + 1 000 + _____ + _____ + _____

c. 59 073 = _____ + _____ + 0 + _____ + _____

d. 306 918 = 300 000 + _____ + _____ + _____ + _____ + _____

e. 935 209 = _____ + 30 000 + _____ + _____ + _____ + _____

6. Fernanda vai formar números de três ordens com os algarismos 2, 5 e 9.

a. Escreva todos os possíveis números de três algarismos diferentes que Fernanda pode formar com esses algarismos.

_____

b. Em quais números o algarismo 2 tem valor posicional 20? E em quais deles tem valor posicional 200?

_____

c. Qual é o valor posicional do algarismo 9 no maior número obtido? _____

d. Qual é o valor posicional do algarismo 5 no menor número obtido? _____

7. O cajueiro é uma árvore facilmente encontrada nas regiões Norte e Nordeste do Brasil. Dele, obtemos dois nutritivos alimentos: o caju e a castanha-de-caju, ricos em vitaminas e minerais.

Em 2017, a previsão do IBGE era que fossem produzidas 104 713 toneladas de castanha-de-caju no Brasil.

Cajueiro frutificado.

a. No número 104 713:

- o algarismo 7 representa quantas centenas? E quantas unidades?

_____

- quais são os algarismos da classe das unidades simples?

_____

- qual é o algarismo que ocupa a ordem das centenas de milhar? _____

b. Na segunda linha do quadro abaixo, indique o valor posicional de cada algarismo no número 104 713.

1	0	4	7	1	3

Que curioso!

Os maiores cajueiros do mundo

Com um crescimento fora do comum, dois famosos cajueiros ocupam grandes áreas, maiores do que um campo de futebol, atraindo turistas de todo o Brasil e do mundo. Um deles fica no Piauí e o outro, no Rio Grande do Norte.

8. Complete as lacunas com os símbolos > (maior), < (menor) ou = (igual).

a. 205 _____ 250

b. 1 450 _____ 899

c. 117 698 _____ 117 698

d. 872 899 _____ 872 902

e. 412 580 _____ 412 580

f. 105 098 _____ 104 987

9. Usando os algarismos das fichas, faça o que se pede em cada item.

0	1	2	3	4	5	6	7	8	9

a. Escreva um número de seis ordens, em que o algarismo da ordem das centenas seja o 9 e o valor posicional do algarismo 4 seja 400 000.

_____

b. Escreva três números ímpares de cinco ordens, em que o valor posicional do algarismo 6 seja 60 e o do 9 seja 90 000.

_____

c. Escreva um número de cinco ordens, em que o valor posicional do algarismo 7 seja 70 000 e o do 5 seja 500.

_____

10. João escreveu dois números de quatro ordens utilizando os algarismos 3, 4, 7 e 9. De acordo com as informações, descubra quais são esses números.

O algarismo das unidades é o 3.
O valor posicional do 4 é 400.
O valor posicional do 7 é 7 000.
O algarismo 9 ocupa a ordem das dezenas.

_____

O valor posicional do 7 é 70.
O algarismo das unidades é o 3.
O valor posicional do 9 é 900.
O valor posicional do 4 é 4 000.

_____

• Agora, escreva o maior desses dois números por extenso.

_____

11. Escreva com algarismos os números abaixo.

a) Trinta e sete mil, novecentos e cinco. _____

b) Trezentos e quatro mil, quinhentos e vinte e oito. _____

c) Quinhentos e doze mil, trezentos e vinte e sete. _____

d) Oitocentos e quarenta e cinco mil, duzentos e nove. _____

e) Novecentos e setenta e sete mil, quatrocentos e noventa. _____

12. Observe os números nas fichas.

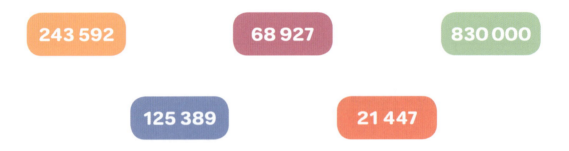

243 592   68 927   830 000

125 389   21 447

a. Em qual número o algarismo 8 ocupa a 6ª ordem? Escreva esse número por extenso.

_____

b. Qual é o valor posicional do algarismo 2 no número em que o 9 está na 1ª ordem?

_____

c. Em qual número o algarismo 3 tem valor posicional 3 000? Qual ordem esse algarismo ocupa?

_____

d. Escreva os números das fichas em ordem decrescente.

_____

Arredondamento

Em algumas situações, é conveniente arredondar os números e usar um valor aproximado, como em reportagens de telejornais.

Willian está gravando uma matéria a respeito da quantidade de matrículas no Ensino Fundamental na Região Centro-Oeste, em 2015, de acordo com as informações da tabela abaixo. Veja um trecho dessa gravação.

| Quantidade de matrículas no Ensino Fundamental, por estado, na Região Centro-Oeste (2015) ||
Estado	Matrículas
Mato Grosso do Sul	400 432
Mato Grosso	461 713
Goiás	886 246
Distrito Federal	390 079

Fonte de pesquisa: IBGE. Disponível em:
<http://www.cidades.ibge.gov.br>. Acesso em: 30 jan. 2018.

EM 2015, NO ESTADO DE GOIÁS, HAVIA APROXIMADAMENTE 890 000 ALUNOS MATRICULADOS NO ENSINO FUNDAMENTAL.

Para apresentar a informação sobre Goiás, Willian arredondou o número que representa a quantidade de alunos matriculados para a **dezena de milhar** mais próxima.

> Arredondando o número que representa a quantidade de alunos matriculados no estado de Goiás para a **dezena de milhar** mais próxima, obtemos 890 000, pois 886 246 está mais próximo de 890 000 do que de 880 000.

Agora, de maneira semelhante, arredonde para a **dezena de milhar** mais próxima os números que representam a quantidade de alunos matriculados no Ensino Fundamental nos outros estados da Região Centro-Oeste.

- Distrito Federal: _____

- Mato Grosso: _____

- Mato Grosso do Sul: _____

Pratique e aprenda

1. O gráfico a seguir apresenta a população declarada indígena em cada região brasileira, de acordo com o censo 2010.

População declarada indígena conforme a região (2010)

Fonte de pesquisa: IBGE. Disponível em: <https://ww2.ibge.gov.br/home/estatistica/populacao/censo2010/caracteristicas_gerais_indigenas/default_gregioes_uf_xls.shtm>. Acesso em: 20 dez. 2017.

a. Com base no gráfico, arredonde os números que indicam a população declarada indígena nas regiões do Brasil para a dezena de milhar mais próxima e complete o quadro de classes e ordens.

Classe dos milhares			Classe das unidades simples		
6ª ordem	5ª ordem	4ª ordem	3ª ordem	2ª ordem	1ª ordem
centenas de milhar CM	dezenas de milhar DM	unidades de milhar UM	centenas C	dezenas D	unidades U
1	3	0	0	0	0

b. Escreva em ordem decrescente os números representados no quadro de classes e ordens do item **a**.

2. Algumas pesquisas apontam que a quantidade de idosos no Brasil tem crescido a cada ano. Entre os fatores que contribuíram para o aumento da expectativa de vida das pessoas estão uma dieta alimentar mais equilibrada, o avanço tecnológico da medicina na busca de novos medicamentos e tratamentos, as terapias que proporcionam boa saúde aos idosos e a prática regular de atividades físicas.

Casal de idosos.

O gráfico a seguir apresenta a quantidade de pessoas da Região Sul do Brasil, com 75 anos de idade ou mais, projetada pelo IBGE para o ano de 2025.

projetada: refere-se a uma estimativa ou previsão do que pode acontecer ou espera-se que aconteça

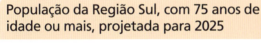

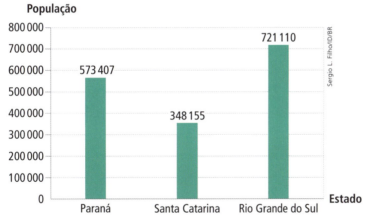

Fonte de pesquisa: IBGE. Disponível em: <https://ww2.ibge.gov.br/home/estatistica/populacao/projecao_da_populacao/2013/default_tab.shtm>. Acesso em: 20 dez. 2017.

a. Arredonde para a dezena de milhar mais próxima o número que representa a projeção da população com 75 anos de idade ou mais para 2025 de cada um dos estados da Região Sul.

- Paraná: _____
- Santa Catarina: _____
- Rio Grande do Sul: _____

b. Quantas ordens e classes possuem os números que representam as projeções apresentadas? _____

Como você se reconhece?

O aumento da população indígena pode ser explicado por alguns fatores, como: o avanço nas políticas de valorização da cultura indígena, a melhoria nas condições de aceitação dessa parcela da população em relação aos demais brasileiros e a mudança de ferramentas de pesquisa.

O **censo de 1991** registrou uma população indígena de **294 131** pessoas. Na época, a pesquisa não levou em consideração aspectos importantes dessa população, o que poderia ter aumentado a quantidade de pessoas autodeclaradas indígenas.

No **censo de 2000**, a pesquisa foi feita levando em consideração a autodeclaração das pessoas. Assim, a população indígena saltou para **734 127** pessoas.

Acredita-se que, no censo anterior, muitos indígenas se identificaram em outras categorias.

O **censo de 2010** incluiu critérios utilizados por institutos de pesquisas de outros países, refinando ainda mais a pesquisa feita no Brasil. Assim, nesse ano, **817 963** pessoas se autodeclararam indígenas em nosso país.

Ilustrações: Rivaldo Barboza

Para manter vivas a riqueza cultural e a tradição entre os povos, não é suficiente que a população se autodeclare. É preciso intervir com diversas iniciativas, como a proteção de terras, a preservação de idiomas e das identidades das etnias.

A. Que características da população indígena você conhece?

B. Cite algumas influências da cultura indígena presentes em nossas vidas.

C. Podemos arredondar o número que representa a população autodeclarada indígena em 2010 de 817 963 para 818 000. Se fizermos isso, estaremos arredondando para a unidade de milhar ou para a dezena de milhar mais próxima? Justifique.

D. A população brasileira autodeclarada indígena no censo de 2010 era, aproximadamente, o dobro ou o triplo da população autodeclarada indígena no censo de 1991?

Divirta-se e aprenda

Jogo da composição

Vamos precisar de:

- fichas verdes numeradas de 1 a 9 (para definir o algarismo de maior valor posicional)

- fichas vermelhas numeradas de 0 a 9 (para definir o algarismo de menor valor posicional)

- fichas amarelas numeradas de 3 a 6 (para definir a quantidade de algarismos do número)

- recipiente, lápis e papel

Procedimentos:

Junte-se a três colegas e embaralhem as fichas formando um monte de fichas vermelhas e outro de verdes, com os números voltados para baixo. Depois, coloquem as fichas amarelas no recipiente.

A cada rodada, um jogador sorteia uma ficha amarela e os demais devem escrever no papel um número com a mesma quantidade de algarismos indicada nessa ficha. Em seguida, ele sorteia uma ficha verde e uma vermelha. Os jogadores, então, conferem se os números escritos começam com o algarismo da ficha verde e terminam com o da ficha vermelha.

O jogador ganha 1 ponto por acerto, conforme as fichas, mas, se errar a quantidade de algarismos, ele não pontua.

Vence o participante que acumular mais pontos.

Waldomiro Neto

Ponto de chegada

Nesta unidade, estudamos algumas características do sistema de numeração decimal. Para recordar, leia e complete os itens.

a. O sistema de numeração decimal, que usamos atualmente, recebe esse nome porque os elementos são agrupados de 10 em 10.

NESSE SISTEMA, USAMOS OS SÍMBOLOS 0, 1, 2, 3, 4, 5, 6, 7, 8 E 9, CHAMADOS _____.

b. Estudamos números até a classe dos milhares, suas representações no quadro de classes e ordens e o valor posicional dos algarismos.

Classe dos milhares			Classe das unidades simples		
6ª ordem	5ª ordem	4ª ordem	3ª ordem	2ª ordem	1ª ordem
centenas de milhar CM	dezenas de milhar DM	unidades de milhar UM	centenas C	dezenas D	unidades U
9	8	6	7	4	2

• O número 986 742 tem _____ classes e _____ ordens. Escreva-o por extenso.

_____

• Nesse número, o valor posicional do algarismo 9 é _____ e o do algarismo _____ é 40.

c. Realizamos arredondamentos para a dezena de milhar mais próxima. O número 986 742, por exemplo, pode ser arredondado para _____.

2 Figuras geométricas espaciais

Jeffrey Coolidge/Iconica/Getty Images

Criança brincando com bolinhas de gude.

Ponto de partida

1. Em sua opinião, que brincadeira está retratada na foto?

2. O objeto usado como brinquedo nessa cena lembra que figura geométrica espacial?

Reconhecendo figuras

Júlia e Marcos construíram uma maquete que representa parte do bairro em que moram. Para isso, eles usaram algumas embalagens e encaparam-nas com papel colorido.

Waldomiro Neto

- As embalagens que Júlia e Marcos utilizaram para construir a maquete lembram quais figuras geométricas espaciais?

Observe algumas embalagens que Júlia e Marcos utilizaram para construir a maquete.

Ilustrações: Waldomiro Neto

Essas embalagens lembram as seguintes figuras geométricas espaciais.

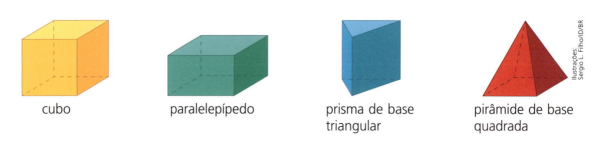

cubo   paralelepípedo   prisma de base   pirâmide de base
                                       triangular   quadrada

Ilustrações:
Sergio L. Filho/ID/BR

As figuras geométricas espaciais que aparecem acima são chamadas **poliedros**. Os poliedros são figuras geométricas espaciais que têm toda superfície formada apenas por partes planas.

Veja mais exemplos de poliedros.

Ilustrações:
Sergio L. Filho/ID/BR

Observe agora outras embalagens que Júlia e Marcos utilizaram na construção da maquete.

Ilustrações: Waldomiro Neto

Essas embalagens lembram as seguintes figuras geométricas espaciais.

cone

esfera

cilindro

As figuras geométricas espaciais que aparecem acima são chamadas **não poliedros**. Os não poliedros são figuras geométricas espaciais que têm pelo menos uma parte da superfície não plana, ou seja, pelo menos uma parte é arredondada.

Veja outros exemplos de não poliedros.

Pratique e aprenda

1. Junte-se a um colega e escrevam uma semelhança e uma diferença que vocês observaram entre os poliedros e os não poliedros.

_____

_____

_____

2. Recorte e monte o molde de dado que está na página **261**.

Com o auxílio do dado que você montou, identifique e escreva o número representado nas faces cobertas em cada item.

A
B
C
D

_____   _____   _____   _____

3. Nas figuras geométricas espaciais abaixo, contorne os **poliedros** e marque com um **X** os **não poliedros**.

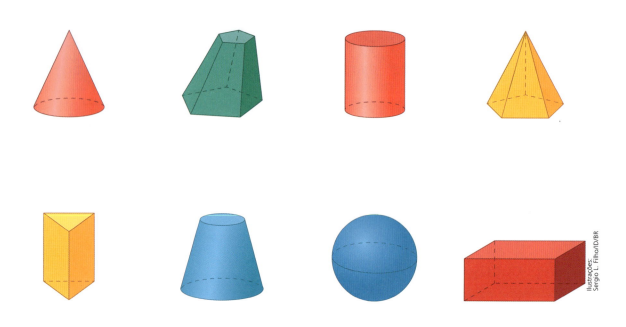

4. Para montar uma caixa de presente, Adriana recortou e colou pedaços de papel de cores diferentes, todos na horizontal. Em seguida, ela desenhou o molde da caixa e recortou-o, conforme mostra a figura ao lado.

Contorne a figura que representa o molde da caixa que Adriana obteve.

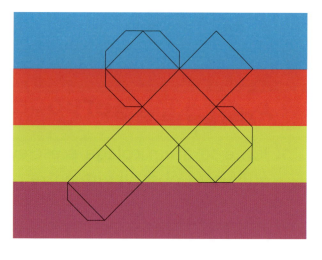

A   **B**   **C**

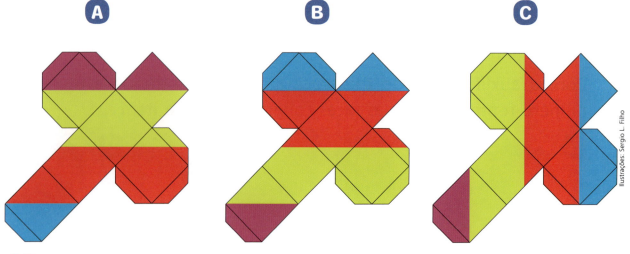

5. Algumas figuras geométricas espaciais têm superfície com partes planas e também partes arredondadas, como o cone.

a. Quantas partes da superfície do cone são planas?

superfície plana

_____

b. Marque com um **X** as figuras que têm parte da superfície plana e também arredondada.

 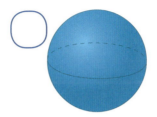 

Ilustrações: Sergio L. Filho/ID/BR

6. Ligue cada planificação à figura geométrica espacial correspondente.

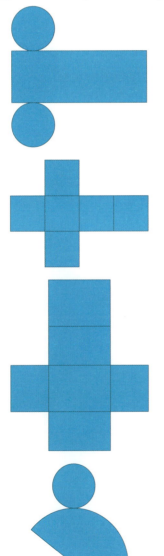

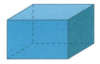

Ilustrações: Sergio L. Filho/ID/BR

7. Alguns poliedros podem ser classificados em **prismas** ou **pirâmides**. Entre as figuras geométricas a seguir, contorne os prismas e marque com um **X** as pirâmides.

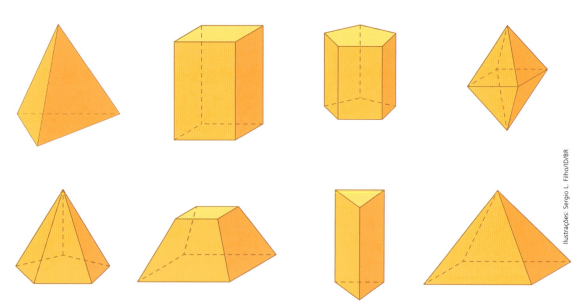

Ilustrações: Sergio L. Filho/ID/BR

8. João vai desmontar a embalagem que está em suas mãos. Contorne a figura que representa a planificação dessa embalagem.

Imagens sem proporção entre si.

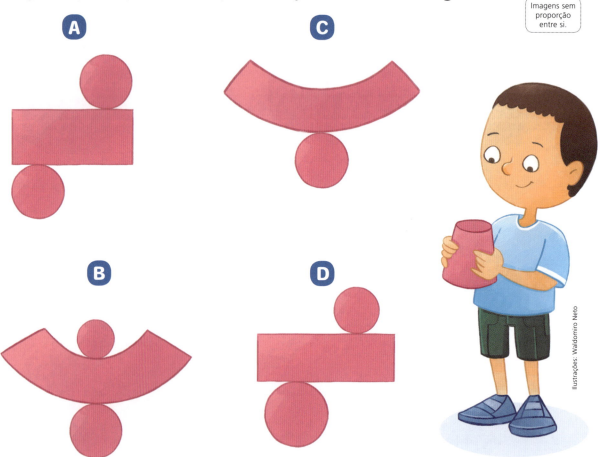

Ilustrações: Waldomiro Neto

9. Escreva o nome da figura geométrica espacial que corresponde a cada planificação.

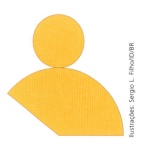

_____

_____

_____

_____

10. Em um poliedro, as partes planas de sua superfície são chamadas **faces** e o encontro de duas faces chama-se **aresta**. Já o encontro de três ou mais arestas recebe o nome de **vértice**.

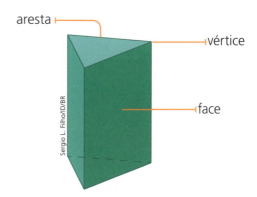

Recorte e monte o molde da página **263** para realizar esta atividade.

a. Quantas faces tem o poliedro que você montou? _____

b. Quantos vértices? _____

c. Quantas arestas? _____

11. Mirian desenhou a planificação de uma figura geométrica espacial com 6 faces, 6 vértices e 10 arestas.

a. Contorne a imagem que corresponde ao desenho de Mirian.

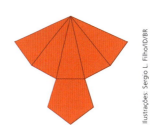

b. Mirian desenhou a planificação de qual figura geométrica espacial?

_____

12. Ligue cada figura geométrica espacial à sua planificação. Em seguida, ligue-a ao quadro que apresenta a quantidade de faces, arestas e vértices que ela tem.

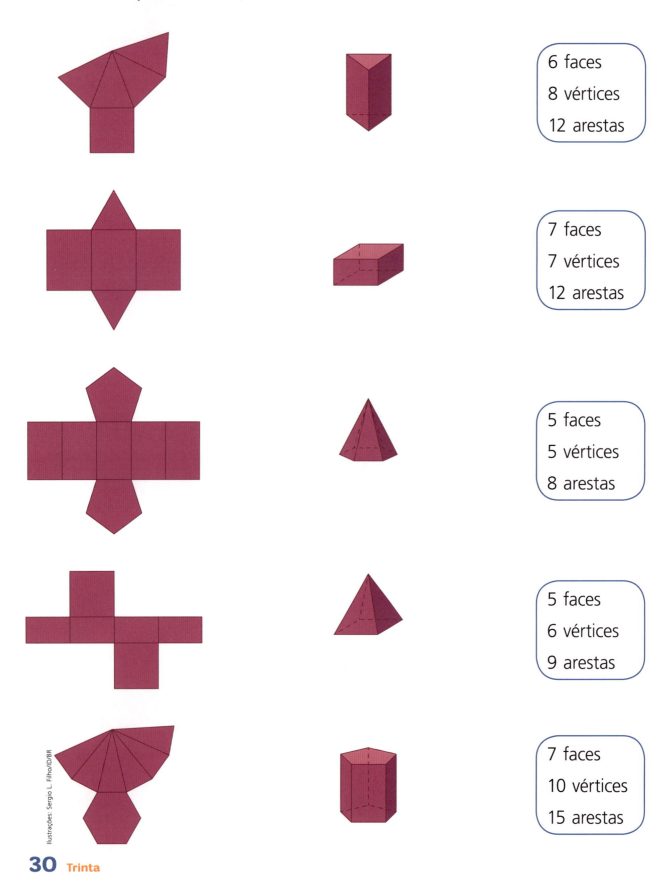

6 faces
8 vértices
12 arestas

7 faces
7 vértices
12 arestas

5 faces
5 vértices
8 arestas

5 faces
6 vértices
9 arestas

7 faces
10 vértices
15 arestas

Ilustrações: Sergio L. Filho/ID/BR

13. A professora de Vitória levou para a sala de aula representações de poliedros e pediu aos alunos que escrevessem no caderno a quantidade de vértices, faces e arestas desses poliedros.

Veja as anotações de Vitória.

Poliedros	Quantidade de faces	Quantidade de vértices	Quantidade de arestas
	8	12	18
	4	4	6

Vitória percebeu uma relação importante envolvendo a quantidade de vértices, de faces e de arestas desses poliedros. Observe e complete.

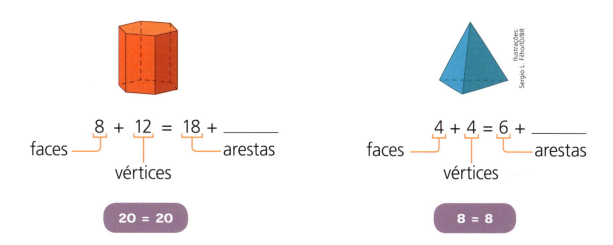

faces ⌐ 8 + 12 = 18 + _____ ⌐ arestas
vértices

20 = 20

faces ⌐ 4 + 4 = 6 + _____ ⌐ arestas
vértices

8 = 8

💬 • Que relação você percebeu entre a quantidade de vértices, de faces e de arestas dos poliedros acima?

_____

_____

a. Determine a quantidade de vértices, de faces e de arestas dos poliedros a seguir.

Poliedro	Quantidade de faces	Quantidade de vértices	Quantidade de arestas

b. Verifique se a relação observada por Vitória se mantém com os poliedros do item **a**.

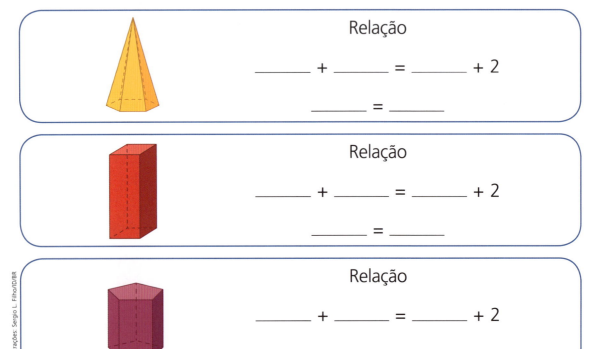

Relação

_____ + _____ = _____ + 2

_____ = _____

Relação

_____ + _____ = _____ + 2

_____ = _____

Relação

_____ + _____ = _____ + 2

_____ = _____

- A relação entre as quantidades de vértices, de faces e de arestas se mantém em todos os poliedros? _____

Ilustrações: Sergio L. Filho/ID/BR

Ponto de chegada

Nesta unidade, retomamos o estudo das figuras geométricas espaciais e fizemos algumas observações importantes. Para relembrar, leia e complete o que falta nos itens.

a. Classificamos figuras geométricas espaciais em **poliedros** e em **não poliedros**.

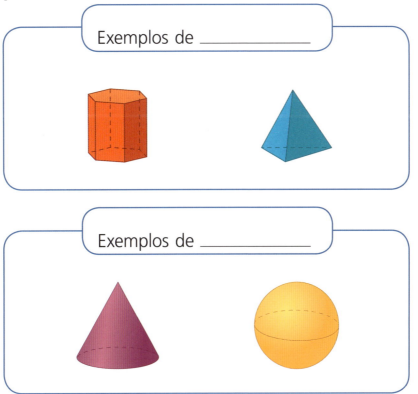

Exemplos de _____

Exemplos de _____

b. Estudamos uma relação entre as quantidades de vértices, faces e arestas de um poliedro.

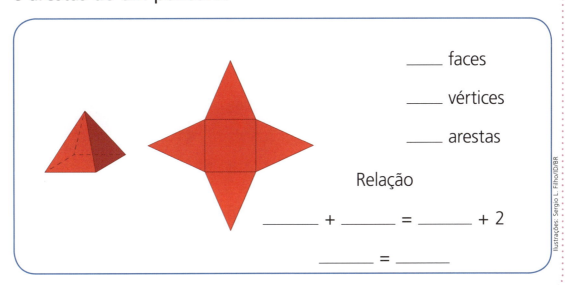

_____ faces

_____ vértices

_____ arestas

Relação

_____ + _____ = _____ + 2

_____ = _____

Thomas Northcut/Photodisc/Getty Images

Menina dormindo à noite, acompanhada de seu urso de pelúcia.

Ponto de partida

1. A menina da cena está tendo uma boa noite de sono. Quantas horas você costuma dormir durante a noite?

2. Em sua opinião, quais os benefícios de uma boa noite de sono?

Medindo o tempo com o calendário

Para indicar os dias, as semanas e os meses do ano, bem como algumas datas especiais e feriados, utilizamos o **calendário**.

No calendário que usamos, o **ano** é composto de 12 **meses** e cada mês é formado por **semanas**. A semana é formada por 7 dias: **domingo**, **segunda-feira**, **terça-feira**, **quarta-feira**, **quinta-feira**, **sexta-feira** e **sábado**.

Veja no calendário a seguir o mês de maio de 2019.

1. Que dia da semana é o primeiro dia do mês de maio de 2019?

_____

2. O último dia desse mês é em qual dia da semana?

_____

3. No dia 1º de maio é comemorado que feriado?

_____

CALENDÁRIO 2019

MAIO

DOM	SEG	TER	QUA	QUI	SEX	SÁB
			1	2	3	4
5	6	7	8	9	10	11
12	13	14	15	16	17	18
19	20	21	22	23	24	25
26	27	28	29	30	31	

1 - Dia do trabalho

Camila Carmona

Além dos dias, meses e anos registrados em um calendário, determinados períodos de meses e de anos recebem nomes especiais.

Bimestre: período de 2 meses.

Trimestre: período de 3 meses.

Semestre: período de 6 meses.

Década: período de 10 anos.

Século: período de 100 anos.

Milênio: período de 1 000 anos.

Pratique e aprenda

1. De acordo com o calendário da página anterior, resolva as questões.

a. Quantos dias tem o mês de maio? _____

b. Que mês vem logo após o mês de maio no calendário? _____

• Qual é o dia da semana do primeiro dia desse mês em 2019?

_____

2. Responda às questões relacionadas aos períodos de meses **bimestre**, **trimestre** e **semestre**.

a. Um ano tem quantos bimestres? _____

b. Escreva os nomes dos meses do primeiro bimestre do ano.

_____

c. Quais são os nomes dos meses do terceiro bimestre do ano?

_____

d. Quantos trimestres tem um ano? _____

e. Escreva os nomes dos meses do último trimestre do ano.

_____

_____

f. Um ano tem quantos semestres? _____

g. Escreva os nomes dos meses do primeiro semestre do ano.

_____

_____

3. Complete os itens com informações a respeito dos períodos de anos **década**, **século** e **milênio**.

a. Quatro décadas equivalem a _____ anos.

b. Meio século é o mesmo que _____ anos.

c. Dois milênios equivalem a _____ anos.

Maryane Silva

4. O prazo de validade de um alimento é o tempo máximo para consumo, com segurança, após a data de sua fabricação. Esta informação é obrigatória nas embalagens dos alimentos industrializados, pois, se forem consumidos depois desse prazo, podem causar sérios danos à saúde.

Veja o prazo de validade de alguns alimentos.

Suco natural
Válido por 5 dias.

Pão de forma
Válido por 8 a 12 dias.

Leite longa vida
Válido por 3 meses.

Molho de tomate (em lata)
Válido por 2 anos.

Iogurte
Válido por 30 dias.

a. Qual dos produtos apresentados tem o menor prazo de validade? E qual tem o maior prazo?

_____

b. Qual produto tem o prazo de validade equivalente a um trimestre?

_____

c. Considerando o mês com 30 dias, determine a diferença, em dias, entre a validade do leite longa vida e a do suco natural.

Mulher observando a data de validade de um produto em um supermercado.

d. Você acha importante verificar o prazo de validade de um produto? Por quê?

_____

_____

_____

5. Um ano é o tempo que a Terra leva para dar uma volta completa em torno do Sol, ou seja, aproximadamente 365 dias e 6 horas.

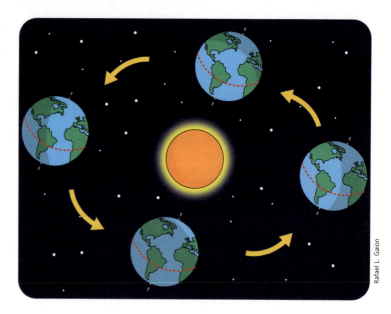

Representação sem proporção de tamanho. Cores-fantasia.

No calendário, há anos com 365 ou 366 dias. Nos anos com 365 dias, as 6 horas deixam de ser contadas. Essas horas são adicionadas a cada 4 anos, resultando em 24 horas, ou seja, 1 dia.

O dia a mais é acrescentado a cada 4 anos no mês de fevereiro, que fica então com 29 dias. Assim, o ano que possui um dia a mais, ou seja, 366 dias, é chamado **ano bissexto**.

No quadro abaixo, estão destacados alguns anos que foram bissextos.

2004	2005	2006	2007	2008	2009	2010	2011
2012	2013	2014	2015	2016	2017	2018	2019

a. De acordo com o quadro, determine os próximos cinco anos bissextos.

_____

b. O ano em que estamos é um ano bissexto? _____

c. Você nasceu em um ano bissexto? _____

6. Maria Gomes Valentim é considerada a mulher brasileira que viveu por mais tempo. Seu nascimento ocorreu em 9 de julho de 1896, no município de Carangola, estado de Minas Gerais, e seu falecimento em 21 de junho de 2011, na mesma cidade.

a. Maria Gomes Valentim viveu mais ou menos do que um século?

_____

b. Que idade Maria Gomes Valentim tinha quando faleceu? _____

Medindo o tempo em horas, minutos e segundos

Observe alguns acontecimentos no dia de Frederico.

Acordar.

Almoçar.

Tomar café da manhã.

Fazer a lição de casa.

Ir à escola.

Brincar no quintal.

Ilustrações: Tamires Rose Azevedo/Waldomiro Neto

1. Escreva e identifique as horas dos acontecimentos do dia de Frederico na ordem em que eles ocorrem.

_____

_____

2. Quantos minutos se passa-ram entre o café da manhã e o almoço de Frederico?

_____

Lembre-se de que:

• o dia tem 24 horas.

• 1 hora tem 60 minutos.

• 1 minuto tem 60 segundos.

Pratique e aprenda

1. Complete os itens.

a. 6 h = _____ min

b. 11 h = _____ min

c. _____ h = 1 200 min

d. 50 min = _____ s

e. 32 min = _____ s

f. _____ min = 840 s

2. Um confeiteiro começou a preparar um bolo de aniversário às 9 h da manhã. Ele demorou 170 min para preparar o bolo. A que horas o confeiteiro terminou o bolo?

3. Clóvis realizou algumas transformações de medidas de tempo em seu caderno.

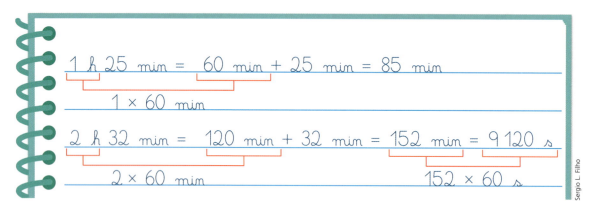

1 h 25 min = 60 min + 25 min = 85 min
1 × 60 min

2 h 32 min = 120 min + 32 min = 152 min = 9 120 s
2 × 60 min   152 × 60 s

Agora, complete as lacunas com o número adequado.

a. 1 h 15 min = _____ min

b. 2 h 45 min = _____ min

c. 3 h 34 min = _____ min

d. 1 h 10 min = _____ min = _____ s

e. 2 h 21 min = _____ min = _____ s

f. 6 h 46 min = _____ min = _____ s

4. Nas férias de verão, Mateus viajou com sua família para a casa dos avós. Eles saíram de sua cidade às 10 h 45 min e chegaram à cidade de destino às 14 h 10 min. Quanto tempo durou a viagem?

5. Na disputa de uma corrida de obstáculos na gincana da escola, Caio chegou em 1º lugar com o tempo de 10 min 23 s, seguido por Felipe, com o tempo de 11 min 30 s.

a. Felipe chegou quanto tempo depois de Caio?

b. Sabendo que Rodrigo chegou 165 segundos depois de Caio, determine em quanto tempo ele completou a prova.

Para fazer **juntos!**

Observe os relógios e escreva um problema. Em seguida, troque com um colega para que ele o resolva, pedindo para ele fornecer a resposta em **minutos**. Por fim, verifique se a resposta dele está correta.

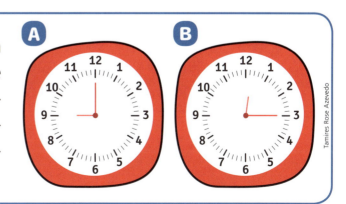

A

B

Tamires Rose Azevedo

6. O Brasil é um país cujo território é muito extenso, por isso é dividido em quatro fusos horários, cuja demarcação oficial, a hora legal, é estabelecida pelo governo federal.

Fuso horário civil no Brasil (2015)

Fonte de pesquisa: IBGE. *Atlas geográfico escolar*. 7. ed. Rio de Janeiro: IBGE, 2016.

Veja o horário em diferentes localidades em um mesmo momento.

Horário em algumas localidades em um mesmo momento	
Local	Horário
Rio Branco (AC)	6 h
Cuiabá (MT)	7 h
Brasília (DF)	8 h
Fernando de Noronha (PE)	9 h

a. Escreva a diferença, em horas, entre:

- Fernando de Noronha e Brasília.

- Brasília e Rio Branco.

- Brasília e Cuiabá.

b. Sara realizou uma viagem aérea de Brasília para Fernando de Noronha. Sabendo que o avião decolou às 9 h 55 min e o voo teve 5 h 10 min de duração, determine o horário que o avião pousou em Fernando de Noronha, considerando o fuso horário local.

Medidas de comprimento

Diariamente, estamos envolvidos em situações nas quais é preciso contar, calcular, medir, etc. Veja algumas situações em que é necessário realizar medições, bem como conhecer algumas unidades de medidas de comprimento para se comunicar.

A parte da parede que o rapaz mediu tem aproximadamente **1 m**.

O marceneiro vai cortar **30 cm** da tábua.

A moça vai desenhar um segmento de reta de **33 mm** de comprimento.

A motorista percorreu mais de **180 km** hoje com seu veículo.

1. O que significa o **m** escrito na situação **A**? _____

E o que significa o **mm**, o **cm** e o **km** nas outras situações?

_____

2. Na situação **A**, aparece uma pessoa utilizando uma **trena**, que é um instrumento utilizado para realizar medições em metros, centímetros e milímetros. Que instrumentos aparecem nas cenas **B** e **C**?

_____

Pratique e aprenda

1. Nas situações da página anterior, foram usadas algumas unidades de medidas de comprimento, que são o **milímetro** (mm), o **centímetro** (cm), o **metro** (m) e o **quilômetro** (km).

a. Complete as informações abaixo com o número adequado.

 Para representar pequenos comprimentos, utiliza-se o milímetro.

Dez milímetros equivalem a _____ centímetro.

 O metro e o centímetro são as unidades de medida de comprimento mais utilizadas em nosso cotidiano. Um metro

equivale a _____ centímetros.

 Para representar grandes distâncias, como a distância entre cidades, utiliza-se o quilômetro. Um quilômetro equivale a

_____ metros.

b. De acordo com as informações que você escreveu no item **a**, complete.

10 mm = _____ cm   1 m = _____ cm   1 km = _____ m

2. Complete as frases com a unidade de medida de comprimento mais adequada: **mm, cm, m** ou **km**.

a. Ao nascer, Márcio tinha 48 _____ de comprimento.

b. No torneio de atletismo da escola, Adriana saltou uma distância de 3 _____.

c. A distância rodoviária entre Vitória (ES) e Itabuna (BA) é 733 _____.

d. O livro de Matemática de Bruno tem 18 _____ de espessura.

e. O edifício em que Débora mora tem cerca de 40 _____ de altura.

3. Veja duas maneiras de representar o comprimento da linha a seguir.

Dica 1 cm = 10 mm

7 cm 2 mm ou 72 mm

Agora, utilizando uma régua, meça o comprimento das linhas e represente-o de duas maneiras.

A _____

B _____

4. Ligue as fichas que indicam medidas equivalentes.

| 8 cm 6 mm | 90 cm 2 mm | 37 cm 4 mm | 7 cm 1 mm |

| 71 mm | 374 mm | 86 mm | 902 mm |

5. Determine, em centímetros, o **perímetro** das figuras abaixo.

Dica O **perímetro** de um polígono é a soma das medidas de todos os seus lados.

A

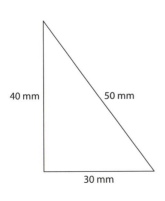

40 mm   50 mm

30 mm

Perímetro: _____ cm

B

20 mm

50 mm   50 mm

80 mm

Perímetro: _____ cm

6. Sem realizar medições, escreva se o comprimento da linha vermelha, em cada item, é maior, igual ou menor do que o comprimento da linha azul.

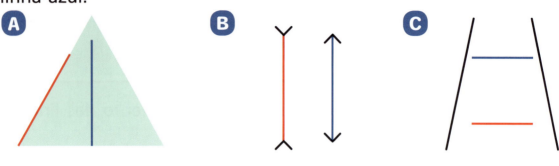

A B C

Ilustrações: Sergio L. Filho/ID/BR

_____ _____ _____

Agora, utilize uma régua e verifique se sua resposta está correta.

7. No gráfico a seguir, estão representadas as alturas de Ivo e seus amigos Ana, Pedro, Clara e Tiago.

O símbolo ⚡ no eixo vertical indica uma supressão, ou seja, uma "quebra", pois nesse caso não há valores menores do que 140.

Altura de Ivo e seus amigos

Altura (em cm)

180
175
170
165
160
155
150
145
140
0

175
168
164
158
152

Ivo _____ _____ _____ _____

Nome

Ilustrações: Sergio L. Filho/ID/BR

Fonte de pesquisa: Anotações de Ana.

Dica O nome de Ivo já está indicado no gráfico.

Leia as informações a seguir, descubra a altura das outras pessoas e complete o gráfico com o nome correspondente a cada coluna.

Ivo é 6 cm mais alto do que Ana.

Clara é 4 cm mais baixa do que Pedro.

Tiago é o mais alto.

Johnny Greig/ iStock/Getty Images

8. Complete as sentenças.

a. 1 m 28 cm = 1 m + 28 cm = _____ cm + 28 cm = _____ cm

b. 2 m 35 cm = _____ m + 35 cm = _____ cm + _____ cm = _____ cm

c. 7 m 48 cm = _____ m + _____ cm = _____ cm + _____ cm = _____ cm

9. O gráfico abaixo apresenta a medida aproximada, em centímetros, que um menino e uma menina crescem por ano, após o nascimento.

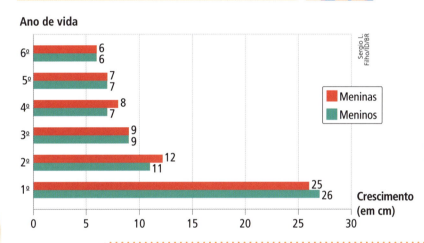

Crescimento anual aproximado de meninos e meninas, após o nascimento

Ano de vida

Meninas
Meninos

Crescimento (em cm)

Sergio L. Filho/ID/BR

Fonte de Pesquisa: Portal da Saúde. Disponível em: <http://dab.saude.gov.br/portaldab/ape_vigilancia_alimentar.php?conteudo=curvas_de_crescimento>. Acesso em: 9 out. 2017.

> **Dica** Nesse gráfico, podemos observar que as meninas crescem, aproximadamente, oito centímetros em seu quarto ano de vida.

a. Quantos centímetros, aproximadamente, um menino cresce no primeiro ano de vida? E quantos centímetros cresce uma menina? _____

b. Ao nascer, Isabela media 48 cm e Diogo, 51 cm. Determine a altura prevista para cada um deles, em metros e centímetros, quando completaram:

5 anos

6 anos

Johnny Greig/ iStock/Getty Images

Para fazer juntos!

Observe a imagem e escreva o enunciado de um problema em que seja necessário responder usando metros e centímetros. Em seguida, troque com um colega para que ele o resolva e, depois, verifique se a resposta obtida por ele está correta.

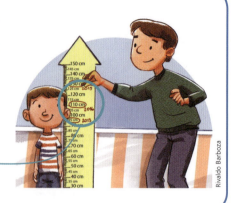

10. Em certo campeonato de natação, os competidores precisam percorrer as distâncias estipuladas em cada prova, nadando em uma piscina de 50 m de comprimento.

Determine quantas vezes cada competidor precisa nadar de uma extremidade à outra da piscina para percorrer:

a. 100 m.

b. 800 m.

c. 1 500 m.

Aprenda mais!

As figuras montadas com base em colagens são uma maneira interessante de representar, em tamanho real, diversos animais e partes de seus corpos. Você já viu o olho de uma lula-colossal? E um peixe de um centímetro? Embarque nesta viagem literária.

Na medida, de Steve Jenkins. Tradução de Lorena Vicini. São Paulo: Ática, 2009.

11. No esquema, estão representadas as distâncias rodoviárias entre algumas cidades, indicadas por letras.

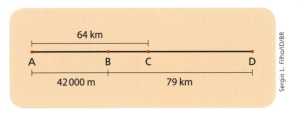

Qual é a distância, em quilômetros, entre as cidades:

- A e C? _____

- B e D? _____

- A e D? _____

- B e C? _____

12. Complete os itens com os valores adequados.

a. 5 700 m = _____ km 700 m

d. 6 km 529 m = _____ m

b. 7 189 m = 7 km _____ m

e. 2 km _____ m = 2 437 m

c. 9 254 m = _____ km _____ m

f. 3 km _____ m = 3 801 m

13. O mapa a seguir representa a distância, em linha reta, entre as capitais dos estados do Acre e Rondônia.

a. Usando uma régua, determine a distância, em linha reta, no mapa, entre Rio Branco e Porto Velho.

b. Qual é a distância, em linha reta, entre as duas cidades, em quilômetros, sabendo que, nesse mapa, cada 1 cm corresponde a 114 km?

Distância em linha reta entre Rio Branco, no estado do Acre, e Porto Velho, no estado de Rondônia (2016)

Fontes de pesquisa: IBGE. *Atlas geográfico escolar*. 7. ed. Rio de Janeiro: IBGE, 2016.

Google Maps. Disponível em: <https://www.google.com.br/maps/dir/Rio+Branco,+Acre/Porto+Velho>. Acesso em: 31 jan. 2018.

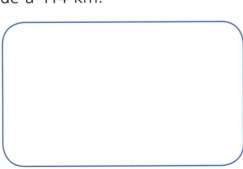

Medidas de massa

Existem situações do dia a dia em que é preciso conhecer:

- a massa de produtos que compramos.

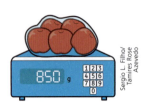

Sergio L. Filho/Tamires Rose Azevedo

- a nossa massa.

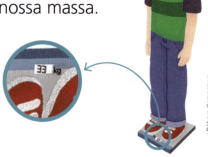

Débora Kamogawa

- a massa de cada ingrediente que vamos utilizar para fazer um bolo.

- a massa da principal substância em cada comprimido que precisamos tomar.

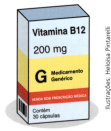

Ilustrações: Heloísa Pintarelli

Entre as unidades de medida de massa que geralmente utilizamos estão o **miligrama** (mg), o **grama** (g), o **quilograma** (kg) e a **tonelada** (t).

| 1 g = 1000 mg | 1 kg = 1000 g | 1 t = 1000 kg |

Pratique e aprenda

Imagens sem proporção entre si.

1. Marque com um **X** a massa mais adequada para cada animal.

Besouro-golias: de 5 cm a 11 cm de comprimento.

RoxanaGonzalez/Shutterstock.com/ID/BR

Gato adulto: 55 cm de comprimento.

Axel Bueckert/Shutterstock.com/ID/BR

Elefante africano adulto: de 3 m a 5 m de comprimento (7,5 m incluindo a tromba).

Jakub Krechowicz/Shutterstock.com/ID/BR

| 40 g | 40 kg | 4 t |

| 300 g | 3 kg | 3 t |

| 6 000 g | 60 kg | 6 t |

2. Fabiano precisou tomar 2 comprimidos de potássio por dia, durante uma semana, para seguir um tratamento médico.

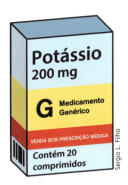

a. Considerando as informações da embalagem ao lado, quantos miligramas de potássio Fabiano ingeriu por dia? E na semana?

b. Ao final do tratamento, Fabiano ingeriu mais ou menos do que 2 g de potássio?

_____

3. Na embalagem de alguns produtos que consumimos, aparece uma tabela nutricional, que indica a quantidade de seus nutrientes.

Veja as informações nutricionais da embalagem de suco natural que Amanda comprou.

Informações nutricionais	
Porção de 200 ml de suco	
Proteínas	2 mg
Vitamina C	54 mg
Vitamina B1	8 mg
Fósforo	14 mg
Cálcio	40 mg
Ferro	2 mg

a. Em 200 ml desse suco, qual é a quantidade, em miligramas, de:

• fósforo? _____

• vitamina C? _____

• vitamina B1? _____

• cálcio? _____

b. Quantos miligramas de proteínas há em três porções de 200 ml de suco?

4. Complete as sentenças.

a. 2 g 178 mg = 2 000 mg + 178 mg = _____ mg

b. 5 g 856 mg = _____ mg + 856 mg = _____ mg

c. 25 g 457 mg = 25 000 mg + _____ mg = _____ mg

d. 200 g 391 mg = _____ mg + 391 mg = _____ mg

5. Veja a seguir a massa de algumas moedas do Real.

5 centavos	10 centavos	25 centavos	50 centavos	1 real
4 100 mg	4 g 800 mg	7 550 mg	7 g 810 mg	7 g

Imagens: Banco Central. Fotografia: Karina Tengan/ID/BR

a. Entre as moedas de 5 e 10 centavos, qual tem a maior massa? Quantos miligramas a mais?

b. Entre as moedas de 25 centavos e 1 real, qual tem a menor massa? Quantos miligramas a menos?

6. Complete as lacunas com o número adequado.

a. 2 kg 300 g = _____ kg + 300 g = _____ g + 300 g = _____ g

b. 9 kg 450 g = _____ kg + 450 g = _____ g + 450 g = _____ g

c. 12 kg 720 g = _____ kg + 720 g = _____ g + 720 g = _____ g

7. Veja a receita que Marília vai usar para preparar uma salada de frutas.

a. Entre os ingredientes utilizados na receita, quais possuem a massa indicada em:

- gramas?

  _____

- quilogramas?

  _____

Salada de frutas

Ingredientes

- $\frac{1}{2}$ kg de banana
- 1 maçã
- 300 g de mamão
- 2 laranjas
- 400 g de abacaxi
- 4 colheres de creme de leite

Modo de preparo

Descasque as frutas e corte-as em pedaços pequenos. Dentro de uma travessa, misture as frutas picadas e o creme de leite. Sirva logo em seguida.

Fotomontagem de Sérgio L. Filho. Foto: 5 second Studio/Shutterstock/ID/BR

b. Quantos gramas de banana Marília vai precisar para fazer essa receita?

c. Escreva, em gramas, a quantidade de que Marília vai precisar de banana, mamão e abacaxi para fazer três receitas como essa.

d. Se Marília fizer três receitas, de quais frutas indicadas no item **c** Marília vai precisar comprar mais de 1 kg? _____

Para fazer **juntos!**

Observe as imagens e escreva, no caderno, um problema envolvendo medidas de massa. Em seguida, troque com um colega para que ele o resolva e apresente a resposta usando o grama como unidade de medida.

A — 48 kg

B — 35 kg

Ilustrações: Débora Kamogawa

8. Na tabela a seguir, está representada a produção de laranja, em toneladas, no ano de 2016, nos estados da Região Sul do Brasil.

Produção de laranja nos estados da Região Sul do Brasil (2016)	
Estado	Produção (em toneladas)
Paraná	741 381
Santa Catarina	48 152
Rio Grande do Sul	395 623

Laranjeira frutificada.

Fonte de pesquisa: IBGE. Disponível em: <https://sidra.ibge.gov.br/tabela/1613#resultado>. Acesso em: 22 dez. 2017.

a. Qual dos estados da Região Sul foi o maior produtor de laranja em 2016?

E o menor produtor? _____

b. Quais estados produziram entre 380 000 t e 750 000 t de laranja em 2016?

_____

9. Veja a quantidade de sacas de soja que três produtores armazenaram em uma cooperativa no mesmo dia.

Produtor A	400 sacas
Produtor B	310 sacas
Produtor C	290 sacas

Saca de soja aberta.

a. Sabendo que uma saca equivale a 60 kg, quantos quilogramas de soja a cooperativa recebeu de cada produtor?

b. Quantas toneladas de soja a cooperativa recebeu, ao todo, desses três produtores?

Ponto de chegada

Nesta unidade, estudamos unidades de medidas de comprimento, de massa e de tempo. Para retomar o que você estudou, leia e complete os itens.

CALENDÁRIO 2019

Camila Carmona

a. No **calendário**, indicamos os dias, as semanas e os meses do ano.

Um período de 2 meses é um _____, um período de

_____ meses é um **trimestre** e um período de _____ meses

é um **semestre**.

b. Década é um período de _____, _____ é um período

de 100 anos e **milênio** é um período de _____ anos.

c. As **horas** (h), os **minutos** (min) e os **segundos** (s) são unidades de medida de tempo padronizadas.

• Uma _____ tem 60 minutos.

• Um minuto tem _____ segundos.

d. O **milímetro** (mm), o **centímetro** (cm), o **metro** (m) e o **quilômetro** (km) são unidades de medida de comprimento padronizadas.

> 1 cm = _____ mm

> 1 m = _____ cm

> _____ km = 1 000 m

e. O **miligrama** (mg), o **grama** (g), o **quilograma** (kg) e a **tonelada** (t) são unidades de medida de massa padronizadas.

> 1 g = _____ mg

> _____ kg = 1 000 g

> 1 t = _____ kg

4 Adição e subtração

Blend Images/Shutterstock.com/ID/BR

Crianças brincando com um jogo pega-varetas.

Ponto de partida

1. Como você faria para calcular a vantagem de um jogador em relação ao outro, sabendo que a pontuação depende da cor de cada vareta?

2. Considerando apenas a quantidade de varetas e desconsiderando a pontuação de cada cor, quem estaria ganhando o jogo nesse momento?

Adição

Júlia pediu ajuda a seu pai para fazer uma pesquisa sobre a população indígena do Brasil. Eles encontraram as seguintes informações no *site* do IBGE.

População indígena brasileira (2010)	
Situação de domicílio	População
Urbana	315 180
Rural	502 783

Fonte de pesquisa: IBGE. Disponível em: <https://indigenas.ibge.gov.br/graficos-e-tabelas-2.html> Acesso em: 3 jan. 2018.

Sergio L. Filho

Para saber qual é, ao todo, a população indígena brasileira, Júlia adicionou as populações que vivem nas regiões urbana e rural.

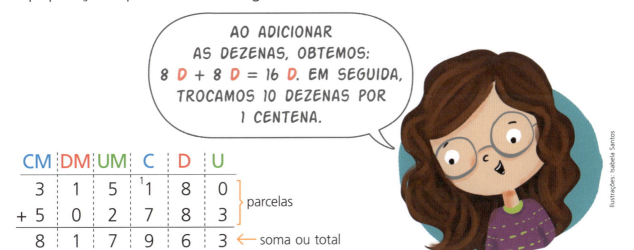

> AO ADICIONAR AS DEZENAS, OBTEMOS: 8 **D** + 8 **D** = 16 **D**. EM SEGUIDA, TROCAMOS 10 DEZENAS POR 1 CENTENA.

CM	DM	UM	C	D	U	
3	1	5	¹1	8	0	} parcelas
+ 5	0	2	7	8	3	
8	1	7	9	6	3	← soma ou total

Ilustrações: Isabela Santos

Portanto, Júlia concluiu que, de acordo com o censo demográfico de 2010, a população indígena brasileira era de 817 963 pessoas.

censo demográfico: levantamento de informações e características dos habitantes de uma localidade ou país para compor estudos estatísticos

Pratique e aprenda

1. Efetue os cálculos a seguir.

A

```
  6   0   7   3   6   6
+ 3   2   2   2   6   5
_____
```

B

```
  8   5   2   6   3   3
+     9   2   3   5   8
_____
```

2. Flávio trabalhou em um evento literário e está fazendo o levantamento de quantos livros foram vendidos nos sete dias de duração.

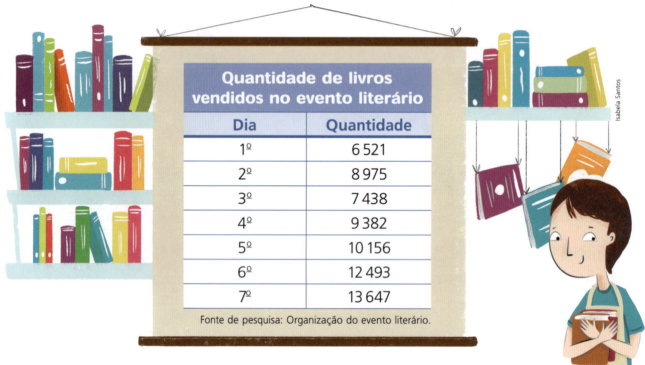

Quantidade de livros vendidos no evento literário	
Dia	**Quantidade**
1º	6 521
2º	8 975
3º	7 438
4º	9 382
5º	10 156
6º	12 493
7º	13 647

Fonte de pesquisa: Organização do evento literário.

Isabela Santos

a. Quantos livros foram vendidos nos três primeiros dias do evento?

b. Qual foi o total de livros vendidos nos sete dias do evento?

Que curioso!

Livros de Norte a Sul do país

No Brasil, acontecem diversos eventos literários importantes, onde ocorrem palestras, debates e feiras, como a Bienal Internacional do Livro de São Paulo. Nesses eventos, é possível adquirir livros recém-lançados, além da possibilidade de encontro com vários autores.

Momento de visitação na 24ª Bienal Internacional do Livro de São Paulo, em 2016.

3. O professor apresentou no quadro uma sentença e propôs aos alunos que a completassem usando < ou >, sem efetuar os cálculos por escrito.

Veja a estratégia que Juliano usou para completar essa sentença.

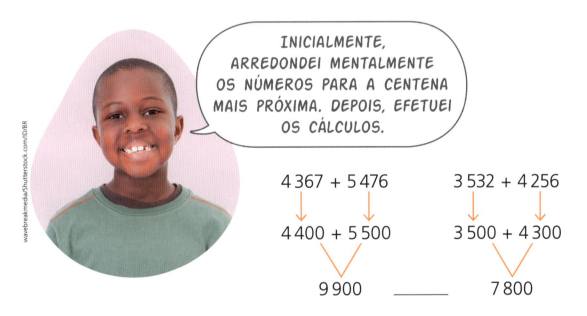

INICIALMENTE, ARREDONDEI MENTALMENTE OS NÚMEROS PARA A CENTENA MAIS PRÓXIMA. DEPOIS, EFETUEI OS CÁLCULOS.

$$4\,367 + 5\,476 \qquad 3\,532 + 4\,256$$
$$\downarrow \qquad \downarrow \qquad\qquad \downarrow \qquad \downarrow$$
$$4\,400 + 5\,500 \qquad 3\,500 + 4\,300$$
$$9\,900 \quad \underline{\qquad} \qquad 7\,800$$

a. Complete os itens a seguir usando a estratégia de Juliano.

- 8 458 + 1 558 _____ 7 322 + 1 630

- 2 181 + 3 193 _____ 2 154 + 5 223

- 23 703 + 12 756 _____ 17 495 + 13 860

b. Agora, verifique se suas respostas estão corretas usando uma calculadora.

4. Carlos efetuou duas adições em seu caderno. Em seguida, ele apagou alguns algarismos e entregou para Valdemar descobrir quais os algarismos que estavam faltando.

a. Ajude Valdemar a completar os algarismos que foram apagados por Carlos.

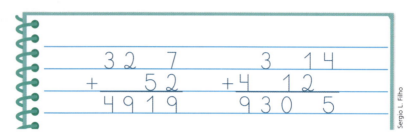

Sergio L. Filho

b. Explique a um colega que estratégia você usou para escrever os algarismos.

5. Sem efetuar os cálculos, ligue cada cálculo ao resultado correspondente.

24 813 + 12 726

67 728

41 371 + 26 357

98 110

81 193 + 16 917

37 539

38 416 + 21 241

59 657

- Agora, verifique sua resposta utilizando uma calculadora.

6. Em um armazém há 287 320 sacas de café e serão entregues mais duas cargas de 62 306 sacas cada. Quantas sacas de café ficarão armazenadas?

Propriedades da adição

A adição possui propriedades que auxiliam na realização de cálculos. São elas: **comutativa**, **associativa** e **elemento neutro**.

Propriedade comutativa

Ana e Lara estão pensando quanto pagariam se comprassem a calça e a camisa expostas na vitrine dessa loja.

1. O que você observou nos cálculos mentais de Ana e Lara?

> Ao trocar a ordem das parcelas, a soma não se altera. Essa propriedade da adição é chamada **comutativa**.

Propriedade associativa

Lara também pretende comprar um par de sapatos nessa loja. Veja três maneiras de calcular 60 + 30 + 85 a fim de saber a quantia que ela vai pagar se comprar os três produtos juntos.

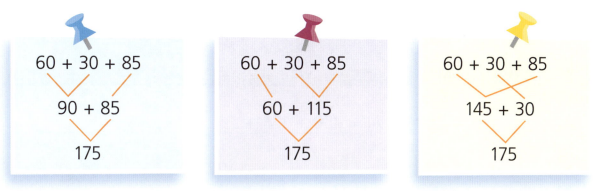

Portanto, Lara vai pagar R$ 175,00.

2. O que você observou na soma obtida em cada uma das três maneiras de calcular apresentadas na página anterior?

> Ao associarmos as parcelas de maneiras diferentes, a soma não se altera. Essa propriedade da adição é chamada **associativa**.

Elemento neutro

Observe alguns cálculos nas fichas abaixo.

$$30 + 0 = 30 \qquad 0 + 60 = 60 \qquad 85 + 0 = 85$$

3. O que você observa nestes cálculos?

> Em uma adição de duas parcelas, quando uma delas é 0 (zero), a soma é igual à outra parcela. Assim, o número 0 é o **elemento neutro** da adição.

Pratique e aprenda

1. Complete os itens de maneira que a igualdade seja verdadeira.

a. 135 + _____ = 135

b. 248 = _____ + 248

c. 235 + 125 = 125 + _____

d. 12 + 43 + _____ = 43 + 25 + 12

e. 235 + 458 + 174 = 458 + 174 + _____

f. 1 487 + 2 653 = _____ + 1 487

2. Silvana usou a decomposição e a propriedade associativa para efetuar 25 + 33 mentalmente.

De maneira semelhante à de Silvana, determine, mentalmente, o resultado dos seguintes cálculos.

a. 43 + 31 = _____

d. 815 + 722 = _____

b. 54 + 45 = _____

e. 2 586 + 3 213 = _____

c. 131 + 63 = _____

f. 1 434 + 5 122 = _____

• Agora, verifique se seus cálculos estão corretos usando uma calculadora.

3. Ligue as fichas cujos cálculos têm resultados iguais.

10 + 15 + 20	10 + 20
0 + 130	50 + 30
30 + 35 + 15	20 + 25
5 + 10 + 15	130 + 0

4. Veja como Carolina efetuou $23 + 15 + 17$ utilizando a propriedade associativa.

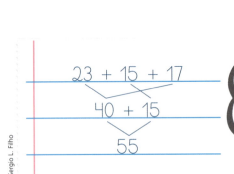

CALCULEI
$23 + 17$ E OBTIVE 40.
AGORA, FICA MAIS SIMPLES
ADICIONAR 15 E OBTER O
TOTAL, QUE É 55.

Para facilitar os cálculos, inicialmente Carolina associou duas parcelas cuja soma é uma dezena exata.

Agora, de maneira semelhante à de Carolina, efetue as adições.

A $34 + 26 + 18$

B $21 + 20 + 29$

C $48 + 35 + 55$

5. A mãe de Olívia vai comprar os seguintes materiais escolares para a volta às aulas da filha.

Imagens sem proporção entre si.

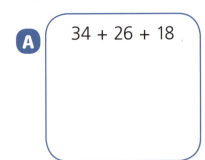

Lápis: R$ 2,00

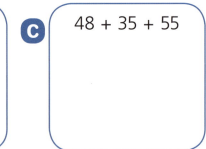

Borracha: R$ 3,00

Caderno: R$ 19,00

Calcule de três maneiras diferentes quantos reais a mãe de Olívia vai pagar se comprar um lápis, uma borracha e um caderno.

Divirta-se e aprenda

Boliche da adição

Vamos precisar de:

- 10 garrafas PET
- canetas hidrográficas
- cartolina
- tesoura com pontas arredondadas
- régua
- fita adesiva
- bola

Procedimentos:

Junte-se a um colega e siga as orientações do professor para a preparação das garrafas.

Organizem um quadro no caderno para anotar a quantidade de pontos que você e seu colega vão marcar.

Cada jogador, na sua vez, lança a bola, a uma distância predeterminada e fixa, em direção às garrafas para derrubá-las. A soma dos valores das garrafas derrubadas é a quantidade total de pontos obtidos.

Vence o jogador que conquistar mais pontos.

Waldomiro Neto

Subtração

O Censo Escolar 2015, realizado pelo IBGE, constatou que, no estado de São Paulo, 294 613 professores lecionavam no Ensino Fundamental e 129 971 lecionavam no Ensino Médio, considerando as escolas públicas e privadas.

- Que operação matemática é adequada para calcular a diferença entre a quantidade de professores que lecionavam no Ensino Fundamental e no Ensino Médio, em 2015, no estado de São Paulo?

Para calcular essa diferença, podemos efetuar a subtração a seguir.

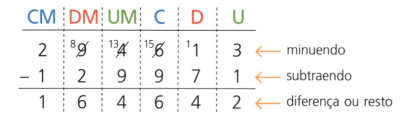

COMO NÃO É POSSÍVEL TIRAR 7 DEZENAS DE 1 DEZENA, TROCAMOS 1 CENTENA POR 10 DEZENAS E ADICIONAMOS AS DEZENAS.

10 D + 1 D = 11 D

DEPOIS, FAZEMOS:

11 D − 7 D = 4 D

REPETIMOS ESTE PROCEDIMENTO PARA AS DEMAIS ORDENS NO CÁLCULO.

Águeda Horn

CM	DM	UM	C	D	U	
2	⁸9̶	¹³4̶	¹⁵6̶	¹1	3	← minuendo
− 1	2	9	9	7	1	← subtraendo
1	6	4	6	4	2	← diferença ou resto

Portanto, há uma diferença de 164 642 professores entre a quantidade dos que lecionavam no Ensino Fundamental e dos que lecionavam no Ensino Médio.

wavebreakmedia/Shutterstock.com/ID/BR

Pratique e aprenda

1. Um guindaste tem capacidade de transporte de cargas com até 500 t. Se a carga a ser transportada tem 325 t, quantos quilogramas faltam para esse guindaste atingir sua capacidade máxima de transporte?

Dica 1 t = 1 000 kg

guindaste: máquina usada para elevar ou deslocar cargas muito pesadas

2. Em cada item, estime o resultado das subtrações e pinte a ficha correspondente.

a. 11 352 − 1 235

| 11 113 | 10 117 | 8 644 |

c. 23 658 − 21 398

| 15 473 | 2 260 | 6 925 |

b. 47 325 − 7 368

| 39 957 | 25 692 | 45 386 |

d. 398 475 − 101 587

| 173 280 | 50 694 | 296 888 |

Agora, efetue os cálculos e verifique se suas respostas estão corretas.

3. Henrique comprou um carro à vista no valor de R$ 27 500,00, com desconto. Sabendo que o preço do carro sem desconto era R$ 30 000,00, quantos reais de desconto Henrique recebeu?

 **4.** A mãe de Gustavo está analisando o orçamento doméstico da família e as despesas fixas do mês de setembro. Observe o gráfico que ela construiu.

Fonte de pesquisa: Anotações da mãe de Gustavo.

a. Qual é a diferença, em reais, entre a despesa com água e a despesa com telefone nesse mês?

b. A despesa com carro foi maior, igual ou menor do que o custo de todas as outras despesas juntas no mês de setembro?

c. Determine o gasto total das despesas do mês de setembro que aparecem no gráfico.

5. Veja como Camila efetuou

1 325 – 400 mentalmente.

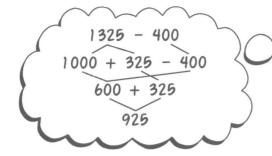

$$1325 - 400$$
$$1000 + 325 - 400$$
$$600 + 325$$
$$925$$

De maneira semelhante à de Camila, efetue as subtrações.

a. 1 567 – 800 = _____

b. 1 684 – 700 = _____

c. 2 479 – 900 = _____

d. 2 568 – 600 = _____

6. O professor de Paulo entregou as seguintes fichas a seus alunos.

| 137 | 389 | 501 | 274 | 423 |

Paulo escolheu adequadamente duas dessas fichas e obteve uma subtração com a menor diferença possível.

423 – 389 = 34

Agora é com você. Usando duas dessas fichas, escreva uma subtração cuja diferença:

a. seja maior do que 100 e menor do que 150. _____

b. esteja entre 50 e 100. _____

c. seja a maior possível. _____

Confira suas respostas usando uma calculadora.

Para fazer juntos!

Elabore em seu caderno o enunciado de um problema em que seja necessário efetuar a subtração 969 – 478 . Em seguida, troque de caderno com um colega para que ele o resolva e, depois, verifique se a resposta obtida por ele está correta.

Operações inversas 1

Judite produziu 800 pães em sua padaria no período da manhã e verificou que, ao final do dia, restaram 58 pães na vitrine. Para saber quantos pães foram vendidos nesse dia, ela efetuou uma **subtração**.

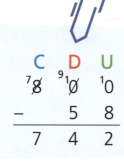

Rogério Marmo

- A subtração que Judite efetuou está correta? Que operação podemos efetuar para verificar se o resultado está correto?

Para conferir se Judite efetuou corretamente a subtração, podemos efetuar uma **adição**.

$$
\begin{array}{ccc}
C & D & U \\
{}^17 & {}^14 & 2 \\
+ & 5 & 8 \\
\hline
8 & 0 & 0 \\
\end{array}
$$

Portanto, Judite vendeu 742 pães nesse dia.

Essa verificação só é possível porque a adição e a subtração são **operações inversas**, ou seja, se retirarmos uma quantidade do que temos e, depois, acrescentarmos essa mesma quantidade à diferença encontrada, obteremos o que tínhamos antes.

Para representar esta situação, podemos construir o seguinte esquema.

– 58

800 → 742

+ 58

Pratique e aprenda

1. Complete os esquemas a seguir.

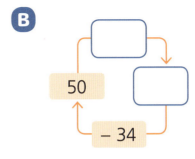

A

+ 10

40

B

50

− 34

2. Complete as sentenças para torná-las verdadeiras.

a. 45 + _____ = 78

b. 35 + _____ = 94

c. 254 + _____ = 581

d. _____ − 31 = 27

e. _____ − 59 = 28

f. _____ + 198 = 396

3. Alan ganhou 15 pontos de bônus em um jogo e ficou, ao todo, com 135 pontos. Quantos pontos Alan tinha antes de ganhar o bônus?

Para fazer juntos!

Observe o que Patrícia está dizendo e escreva, em seu caderno, o enunciado de um problema em que seja necessário utilizar operações inversas para resolvê-lo. Em seguida, entregue seu caderno a um colega para que ele o resolva e, depois, verifique se a resposta obtida por ele está correta.

RECEBI UM AUMENTO DE R$ 380,00.

Tatsianama/Shutterstock.com/ID/BR

Expressões numéricas 1

Rodrigo e dois amigos estão brincando com certo jogo. De acordo com as regras desse jogo, todos os participantes iniciam com 300 pontos e podem perder ou ganhar pontos a cada rodada.

Veja as anotações que Rodrigo fez em três rodadas disputadas.

	Rodrigo	Márcia	Paulo
Início do jogo	300 pontos	300 pontos	300 pontos
1ª rodada	ganhou 155 pontos	perdeu 67 pontos	perdeu 36 pontos
2ª rodada	perdeu 48 pontos	ganhou 134 pontos	ganhou 248 pontos
3ª rodada	ganhou 127 pontos	ganhou 148 pontos	perdeu 149 pontos

Sergio L. Filho

💬 **1. De que maneira podemos determinar quantos pontos Rodrigo acumulou após essas três rodadas?**

Para saber quantos pontos Rodrigo acumulou após essas três rodadas, podemos resolver uma **expressão numérica**.

Complete a expressão numérica abaixo de acordo com as indicações.

quantidade inicial de pontos

pontos ganhos na 1ª rodada

pontos perdidos na 2ª rodada

pontos ganhos na 3ª rodada

$$300 + 155 - 48 + 127$$

$$\underline{\hspace{2cm}} - 48 + 127$$

$$\underline{\hspace{2cm}} + 127$$

$$\underline{\hspace{2cm}}$$

> Para resolver expressões desse tipo, podemos efetuar as adições e subtrações na ordem em que elas aparecem.

Rodrigo ficou com _____ pontos após essas três rodadas.

2. Agora, complete as expressões a seguir e determine a quantidade de pontos de Márcia e Paulo após essas três rodadas.

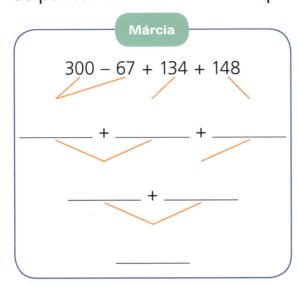

Márcia

300 – 67 + 134 + 148

_____ + _____ + _____

_____ + _____

_____

Paulo

300 – 36 + 248 – 149

_____ + _____ – _____

_____ – _____

_____

a. Quem ficou com mais pontos após essas três rodadas: Rodrigo, Márcia ou Paulo? _____

b. Efetue os cálculos no caderno e determine qual foi a diferença de pontos entre o primeiro e o segundo colocado. _____

Pratique e aprenda

1. Resolva as expressões numéricas.

A 485 + 137 – 252 – 129

B 1 472 – 329 + 1 537 + 731

2. Complete os itens de maneira que a igualdade se mantenha.

A
254 – 56 – _____ = 100 + 98 – _____

111 = 111

B
213 + 179 + _____ = 89 + 303 + _____

_____ = _____

3. Rafaela saiu de casa com R$ 188,00. Ela pagou uma conta de R$ 57,00 e gastou R$ 17,00 almoçando em um restaurante.

a. Como você faria para calcular quantos reais restaram para Rafaela após esses gastos?

Podemos resolver essa situação subtraindo o total gasto da quantia que Rafaela possuía. Para isso, vamos escrever a seguinte expressão numérica.

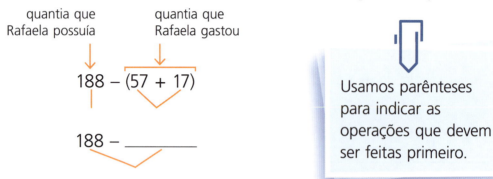

quantia que Rafaela possuía   quantia que Rafaela gastou

$$188 - (57 + 17)$$

$$188 - \underline{\hspace{2cm}}$$

$$\underline{\hspace{2cm}}$$

Usamos parênteses para indicar as operações que devem ser feitas primeiro.

Portanto, Rafaela ficou com _____.

b. Agora é com você. Resolva as expressões numéricas a seguir.

$$679 - (144 + 237)$$

$$4\,798 - (5\,169 - 3\,017) + 1\,745$$

Para fazer **juntos!**

Escreva o enunciado de um problema usando as imagens a seguir e entregue para um colega resolver. Depois, verifique se a resposta dele está correta.

– kg –
R$ 3,00

– kg –
R$ 1,00

– kg –
R$ 7,00

Ponto de chegada

Nesta unidade, ampliamos o estudo da adição e da subtração. Além disso, resolvemos expressões numéricas envolvendo essas operações. Vamos recordar? Leia e complete o que falta nos itens.

a. A adição possui as propriedades **comutativa**, **associativa** e **elemento neutro**.

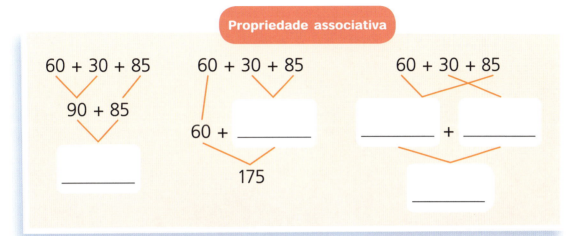

Propriedade associativa

60 + 30 + 85
90 + 85
_____

60 + 30 + 85
60 + _____
175

60 + 30 + 85
_____ + _____
_____

Propriedade comutativa

215 + 108 = _____

108 + 215 = _____

Elemento neutro

238 + _____ = 238

0 + _____ = 1 517

b. Podemos verificar o resultado de uma adição por meio de uma subtração e vice-versa, porque a adição e a subtração são **operações inversas**.

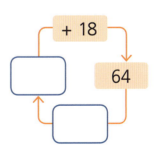

+ 18

64

c. Em uma expressão numérica sem parênteses, podemos resolver os cálculos na ordem em que aparecem. Usamos os parênteses em expressões numéricas para indicar as operações que devem ser feitas primeiro.

187 − (36 + 13)

187 − _____

_____

Steve Debenport/iStock/Getty Images

Menina usando um microscópio em sala de aula.

Ponto de partida

1. Como você faria para calcular o tamanho real do objeto observado no microscópio, sabendo que ele aparece aumentado dez vezes para a menina e conhecendo essa medida aumentada?

2. Pesquise e cite em que situações o microscópio é utilizado.

Multiplicação

Observe o panfleto que Vágner recebeu em sua casa com as ofertas de uma loja de eletrodomésticos.

De acordo com as informações desse panfleto, resolva como preferir a questão abaixo.

- Vágner decidiu comprar o televisor que aparece no panfleto e pagar em 12 prestações. Quantos reais ele vai pagar, no total, por esse produto?

Podemos responder à questão da página anterior calculando 12×195.

Veja como efetuar este cálculo usando o algoritmo.

1º Multiplicamos 2 unidades por 195.

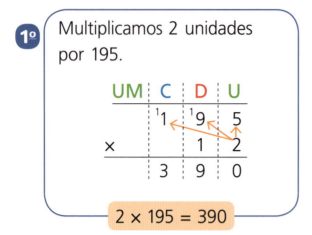

$2 \times 195 = 390$

3º Adicionamos os resultados.

$390 + 1\,950 = 2\,340$

2º Multiplicamos 1 dezena, ou seja, 10 unidades, por 195.

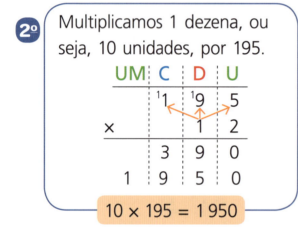

$10 \times 195 = 1\,950$

ou

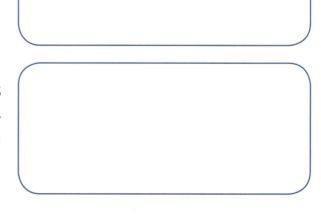

Portanto, Vágner vai pagar R$ 2 340,00 pela TV.

Pratique e aprenda

1. Em relação ao aparelho de *DVD* do panfleto da página anterior, qual é a diferença, em reais, entre o preço à vista e o preço em prestações?

2. Calcule o preço em prestações do computador e o da impressora que aparecem no panfleto da página anterior.

3. O gerente de uma granja organizou um quadro com a quantidade de dúzias de ovos produzidas em três dias da semana.

terça-feira	196 dúzias de ovos
quarta-feira	207 dúzias de ovos
quinta-feira	189 dúzias de ovos

a. Qual é a diferença entre a quantidade de ovos produzida na quarta-feira e a quantidade produzida na quinta-feira?

b. Quantos ovos, ao todo, foram produzidos nesses três dias?

4. Veja como Luíza calculou o resultado aproximado de 71×58.

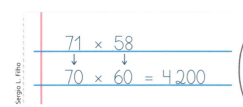

71×58
$70 \times 60 = 4\,200$

Sergio L. Filho

EU ARREDONDEI CADA UM DOS FATORES PARA A DEZENA MAIS PRÓXIMA E EFETUEI O CÁLCULO.

Andrey Arkusha/Shutterstock.com/ID/BR

 De maneira semelhante à de Luíza, efetue os cálculos. Em seguida, com uma calculadora, faça o cálculo exato e indique a diferença entre o resultado aproximado e o exato.

a. 47×72

b. 79×83

5. Mauro está fazendo bolachas de manteiga para vender. Para atender ao pedido de uma cliente, ele terá que fazer três receitas como essa. Veja os ingredientes e o rendimento dessa receita.

Bolacha de manteiga

Ingredientes:

- 300 g de manteiga sem sal em temperatura ambiente
- 4 ovos
- 500 g de açúcar cristal
- 1 colher de fermento em pó
- 900 g de farinha de trigo

Rendimento: Rende cerca de 80 bolachas.

Rafael L. Gaion

a. Reescreva no caderno a receita, indicando ao todo quanto Mauro vai usar de cada ingrediente.

b. Quantas bolachas serão feitas ao todo?

c. Sabendo que meia dúzia de ovos custa R$ 3,00, quanto Mauro vai gastar com os ovos?

6. Júlio e Valentina estavam jogando *videogame* juntos e, ao todo, fizeram 300 pontos em uma fase do jogo.

Sabendo que Valentina fez o dobro de pontos de Júlio, complete os cálculos para saber quantos pontos cada um fez.

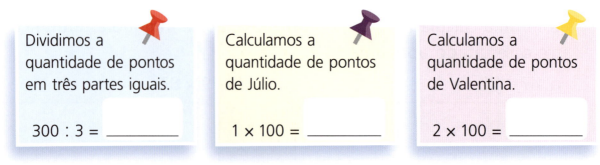

Dividimos a quantidade de pontos em três partes iguais.

$300 : 3 =$ _____

Calculamos a quantidade de pontos de Júlio.

$1 \times 100 =$ _____

Calculamos a quantidade de pontos de Valentina.

$2 \times 100 =$ _____

Júlio fez _____ pontos e Valentina fez _____ pontos.

Propriedades da multiplicação

Assim como a adição, a multiplicação também tem algumas propriedades importantes: **comutativa**, **associativa**, **distributiva** e **elemento neutro**.

Propriedade comutativa

Veja os cálculos que os primos Ana e Carlos fizeram para saber quantos carrinhos havia na coleção deles.

TEMOS 56 CARRINHOS ORGANIZADOS EM 7 FILEIRAS COM 8 CARRINHOS CADA.

$7 \times 8 = 56$

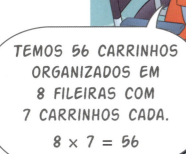

TEMOS 56 CARRINHOS ORGANIZADOS EM 8 FILEIRAS COM 7 CARRINHOS CADA.

$8 \times 7 = 56$

1. O que se pode perceber nos cálculos feitos por Ana e por Carlos?

_____

_____

Ao trocar a ordem dos fatores, o produto não se altera. Essa propriedade da multiplicação é chamada **comutativa**.

Propriedade associativa

Sérgio foi ao mercado comprar 3 engradados de suco. Cada engradado tem 6 garrafas e cada garrafa custa R$ 4,00.

💬 **2.** Como você faria para determinar quantos reais Sérgio vai pagar por esses engradados?

Veja duas maneiras de determinar o valor que Sérgio vai pagar nessa compra. Para isso, complete os cálculos.

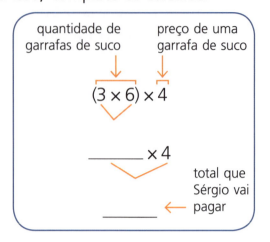

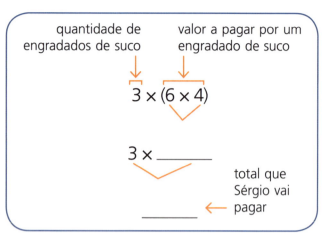

3. O que se pode observar nesses cálculos?

_____

_____

> Ao associarmos os fatores de maneiras diferentes, o produto não se altera. Essa propriedade da multiplicação é chamada **associativa**.

Propriedade distributiva

Marleide comprou, para cada um de seus três filhos, um livro de fantasia por R$ 15,00 e um livro de romance por R$ 13,00.

Para saber o valor total da compra, Marleide e a vendedora fizeram os cálculos de maneiras diferentes. Complete os cálculos e determine quantos reais Marleide pagou pelos livros.

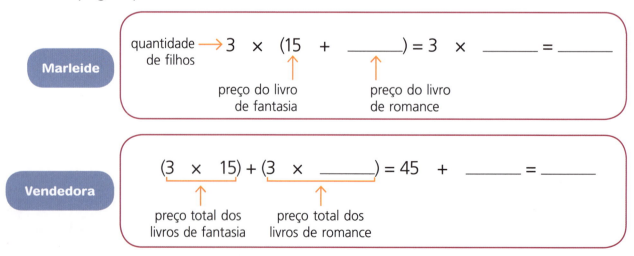

Portanto, Marleide pagou R$ _____ pelos livros.

4. O que você pode observar na maneira como Marleide e a vendedora fizeram os cálculos e nos resultados que elas obtiveram?

_____

_____

Ao multiplicarmos um número por uma soma, obtemos o mesmo resultado que teríamos se multiplicássemos esse número pelas parcelas da adição e adicionássemos os produtos obtidos. Essa propriedade é chamada **propriedade distributiva da multiplicação** em relação à adição.

$$3 \times (9 + 2) = 3 \times 9 + 3 \times 2 = 27 + 6 = 33$$

Esta propriedade também se aplica para a subtração.

$$5 \times (7 - 3) = 5 \times 7 - 5 \times 3 = 35 - 15 = 20$$

Elemento neutro

Luiz efetuou algumas multiplicações em que um dos fatores era o número 1.

$$8 \times 1 = 8$$

$$1250 \times 1 = 1250$$

$$1 \times 26892 = 26892$$

Rafael L. Gaion

5. O que você pode observar nestes cálculos?

_____

_____

Em uma multiplicação de dois fatores, quando um deles é 1, o produto é igual ao outro fator. O número 1 é o **elemento neutro** da multiplicação.

Pratique e aprenda

1. Em cada item, escreva duas multiplicações diferentes para representar a quantidade de quadradinhos que Samanta pintou.

a.

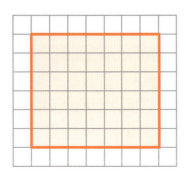

_____

b.

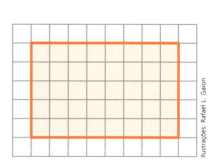

_____

Ilustrações: Rafael L. Gaion

2. Rodrigo está organizando as caixas de papelão em pilhas. Para saber a quantidade de caixas empilhadas, sem precisar contá-las uma a uma, podemos efetuar multiplicações.

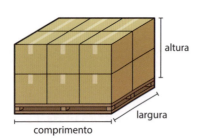

quantidade de caixas na largura

$$3 \times 2 \times 2 = 12$$

quantidade de caixas no comprimento

quantidade de caixas na altura

De maneira semelhante à de Rodrigo, determine a quantidade de caixas em cada pilha.

a.

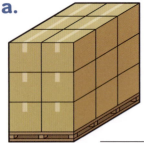

_____

b.

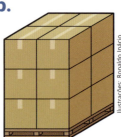

_____

Ilustrações: Ronaldo Inácio

3. Complete os itens com o número apropriado.

a. _____ × 4 = 4

b. 1 × _____ = 164

c. 1 × 1 268 = _____

d. 345 × _____ = 345

e. 1 × _____ = 4 835

f. 767 × _____ = 767

4. Efetue os cálculos usando a propriedade distributiva da multiplicação.

a. $2 \times (10 + 5)$

b. $2 \times (10 - 5)$

_____

_____

5. Matheus está criando o personagem com o qual vai competir no *videogame* em um jogo medieval. Esse personagem deve ter o uniforme composto de uma vestimenta, um capacete e um escudo.

Fotos: Vitalii Gaidukov e Andrey_Kuzmin/Shutterstock.com/ID/BR

De quantas maneiras diferentes Matheus pode compor o uniforme do seu personagem?

Para fazer juntos!

Elabore o enunciado de um problema usando o cardápio de uma lanchonete e combinando um tipo de pão, um de recheio e um de suco. Em seguida, entregue para um colega resolver e depois verifique a resposta dele.

Pão de leite
Pão integral
Pão com gergelim

Recheio de carne
Recheio de frango
Recheio de presunto e queijo

Suco de uva
Suco de laranja
Suco de limão
Suco de caju

Expressões numéricas 2

Marcela vai preparar alguns saquinhos com brinquedos para entregar aos convidados no final da festa de aniversário de seu filho. Para isso, ela comprou dois pacotes de língua de sogra e três caixas de cata-vento.

R$ 6,00 cada pacote.

R$ 7,00 cada caixa.

• Como você faria para determinar quantos reais Marcela gastou nessa compra?

Podemos resolver essa questão por meio de uma **expressão numérica**. Complete os cálculos e determine quantos reais Marcela gastou.

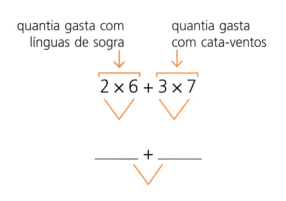

quantia gasta com línguas de sogra

quantia gasta com cata-ventos

$$2 \times 6 + 3 \times 7$$

_____ + _____

_____

Em expressões numéricas que envolvem adições, subtrações e multiplicações, efetuamos primeiro as multiplicações.

Marcela gastou _____ na compra dos brinquedos.

Pratique e aprenda

1. Resolva as expressões numéricas a seguir. Lembre-se: se houver parênteses na expressão, resolvemos primeiro as operações que estão entre eles.

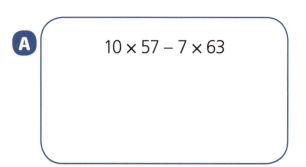

A $10 \times 57 - 7 \times 63$

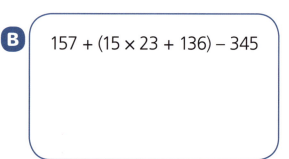

B $157 + (15 \times 23 + 136) - 345$

2. Sandra está brincando de atirar dardos. Observe o alvo e calcule a quantidade de pontos que Sandra fez.

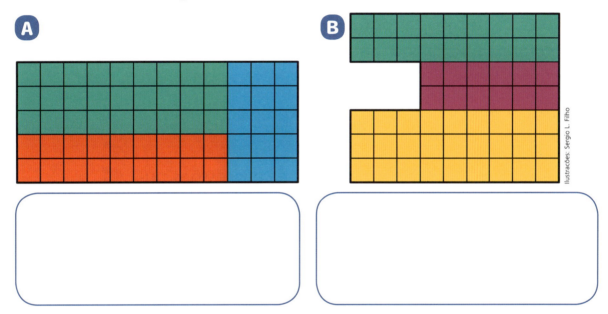

3. Escreva expressões numéricas e calcule a quantidade de quadradinhos coloridos em cada figura abaixo.

A

B

Ilustrações: Sergio L. Filho

4. Para comemorar os resultados obtidos durante o ano, uma empresa promoveu uma festa para os funcionários. Nessa festa foram sorteados, entre os funcionários, 65 livros e 27 relógios de pulso.

Sabendo que a empresa pagou R$ 23,00 em cada livro e R$ 125,00 em cada relógio, escreva uma expressão numérica e calcule quantos reais foram gastos com esses brindes.

5. Uma livraria está oferecendo a promoção indicada no cartaz ao lado.

Entre as expressões numéricas abaixo, contorne aquela que representa a quantia a ser paga, em reais, na compra de quatro livros nessa promoção.

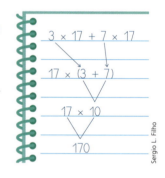

PROMOÇÃO

Qualquer livro de literatura por apenas **R$ 17,00.**

Na compra de 4 livros, ganhe um desconto de **R$ 3,00** no preço de cada livro.

(4 × 17) − 3

4 × (17 + 3)

4 × (17 − 3)

17 × 4 − 3

Agora, resolva a expressão que você contornou e obtenha a quantia a ser paga por esses quatro livros.

6. Veja como Denise resolveu a expressão numérica 3 × 17 + 7 × 17 .

De maneira semelhante, resolva as expressões numéricas abaixo.

3 × 17 + 7 × 17

17 × (3 + 7)

17 × 10

170

| 4 × 23 + 6 × 23 | 103 × 35 − 3 × 35 | 122 × 15 − 22 × 15 |

Para fazer juntos!

Utilizando a expressão numérica 8 × 32 + 9 × 32 , elabore o enunciado de um problema em seu caderno e depois entregue para um colega resolver. Em seguida, verifique se a resolução do seu colega está correta.

Divisão

Estudamos, em anos anteriores, a divisão exata, ou seja, aquela em que o resto é zero. Agora, vamos estudar divisões em que o resto é diferente de zero.

Divisão com resto

Uma empresa produziu, em certo dia, 7 614 L de amaciante, os quais foram distribuídos em embalagens de 25 L cada.

- **Quantas embalagens ficaram completamente cheias com o amaciante produzido?**

Para responder a essa questão, basta calcular $7\,614 : 25$.

Utilizando o algoritmo

1º Não podemos dividir 7 unidades de milhar por 25 e obter unidades de milhar como resultado, pois 7 < 25. Então, trocamos 7 unidades de milhar por 70 centenas e adicionamos 6 centenas, obtendo 76 centenas.

```
UM C D U
 7 6 1 4 | 2 5
```

2º Dividindo 76 centenas por 25, obtemos 3 centenas e sobra 1 centena.

```
UM C D U
 7 6 1 4 | 2 5
-7 5        3
 0 1        C
```

3º Trocamos 1 centena por 10 dezenas e adicionamos 1 dezena, obtendo 11 dezenas. Mas não é possível dividir 11 dezenas por 25 e obter dezenas inteiras, pois 11 < 25. Então, obtemos 0 (zero) dezena e sobram 11 dezenas.

```
UM C D U
 7 6 1 4 | 2 5
-7 5 ↓     3 0
 0 1 1     C D
```

4º Em seguida, trocamos 11 dezenas por 110 unidades e adicionamos 4 unidades. Dividimos 114 unidades por 25, obtemos 4 unidades e sobram 14 unidades.

```
UM C D U
 7 6 1 4 | 2 5
-7 5   ↓   3 0 4
 0 1 1 4   C D U
-  1 0 0
 0 1 4
```

ou

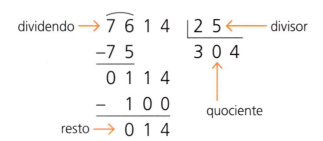

Dizemos que uma divisão é **exata** quando o resto é igual a zero. Neste caso, como o resto é diferente de zero, dizemos que a divisão **não é exata**.

Portanto, 304 embalagens ficaram completamente cheias e ainda sobraram 14 L.

Podemos representar essa situação da seguinte maneira.

total de amaciante produzido, em litros (dividendo)

capacidade de cada embalagem, em litros (divisor)

$$7\,614 = 304 \times 25 + 14$$

quantidade de embalagens que ficaram cheias (quociente)

quantidade de amaciante que sobrou, em litros (resto)

Pratique e aprenda

1. Uma gráfica imprimiu 5 600 exemplares de uma revista. Em seguida, as revistas impressas foram embaladas em pacotes com 12 unidades cada.

a. Quantos pacotes foram feitos? Quantas revistas sobraram sem ser empacotadas?

b. Se cada pacote tivesse 24 revistas, quantos pacotes seriam feitos? Sobrariam revistas sem ser empacotadas? Se sim, quantas?

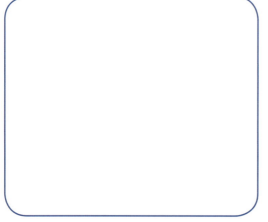

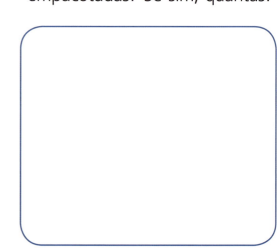

2. Para completar uma prova da gincana, Jéssica deve fazer o caminho que apresenta divisões com resto igual a 8.

Faça os cálculos no caderno e trace no esquema ao lado o caminho por onde Jéssica deve passar para completar essa prova.

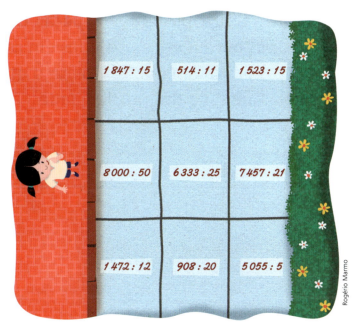

Rogério Marmo

3. Veja a promoção de uma coleção de filmes.

COLEÇÃO
CONHECENDO O MUNDO EM QUE VIVEMOS

36 filmes:
Ciências naturais, história, tecnologia e muito mais.

R$ 23,00
cada filme

Rafael L. Gaion

a. Com R$ 720,00 é possível comprar quantos filmes dessa coleção? Quantos reais vão sobrar?

b. Qual é o preço dessa coleção completa?

c. Com a quantia indicada no item **a**, quantos reais faltam para comprar todos os filmes dessa coleção?

4. Uma fábrica produz 340 peças de roupa por dia. Sabendo que as roupas devem ser embaladas em caixas com a mesma quantidade de peças em cada uma, complete o quadro com algumas possibilidades. Veja que uma das possibilidades já foi escrita.

Quantidade de peças em cada caixa	Quantidade de caixas	Quantidade de peças sem embalar
15	22	10
20		
25		
30		
35		

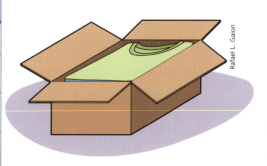

Rafael L. Gaion

5. A professora Tatiane distribuiu toda a turma em sete grupos com a mesma quantidade de alunos. No dia seguinte, dois alunos faltaram e os alunos presentes foram distribuídos em seis grupos com a mesma quantidade de alunos e mais outro grupo com três alunos.

Quantos alunos estudam na turma, sabendo que esse número está entre 25 e 40?

Para fazer juntos!

Elabore e entregue a um colega o enunciado de um problema que envolva a divisão da *pizza* ao lado entre três pessoas. Questione seu colega sobre o que ele faria se sobrassem pedaços nessa divisão.

hidesy/
Shutterstock.
com/ID/BR

Operações inversas 2

Um auditório tem 832 poltronas dispostas em 26 fileiras com a mesma quantidade de poltronas. Para saber quantas poltronas há em cada fileira, podemos efetuar uma **divisão**.

```
    C D U
    8 3 2 | 2 6
  – 7 8     3 2
    ‾‾‾‾
    5 2     D U
  –   5 2
    ‾‾‾‾
    0 0
```

Nesse teatro, há 32 poltronas em cada fileira.

- A divisão acima está correta? Que operação podemos efetuar para verificar se o resultado está correto?

_____

_____

Para verificar se a divisão acima está correta, podemos efetuar uma **multiplicação**.

```
      C ┆ D ┆ U
        ┆ ¹2 ┆ 6
    ×   ┆ 3 ┆ 2
        ┆ 5 ┆ 2
    + 7 ┆ 8 ┆ 0
      8 ┆ 3 ┆ 2
```

> Essa verificação só é possível porque a divisão e a multiplicação são **operações inversas**, ou seja, se multiplicarmos o quociente pelo divisor de uma divisão sem resto, o resultado será o dividendo dessa divisão.

Para esta situação, podemos construir o seguinte esquema.

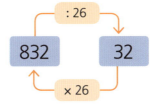

1. Complete os itens com os números adequados.

a. _____ : 4 = 10, pois 4 x 10 = _____

b. _____ : 3 = 20, pois 3 x 20 = _____

c. _____ : 10 = 12, pois 10 x 12 = _____

d. _____ : 6 = 150, pois 6 x 150 = _____

2. Ricardo multiplicou a quantidade de bolinhas de gude que ele tem por 5 e obteve o número 75. Quantas bolinhas de gude Ricardo tem?

3. Joana dividiu um bolo em pedaços iguais para ela e mais duas amigas. Cada pessoa ficou com 4 pedaços de bolo. Em quantos pedaços Joana dividiu esse bolo?

4. Gabriel está ao lado de um poste de luz que corresponde a 6 vezes sua altura. Qual é a altura, em centímetros, de Gabriel?

7 200 mm

Flavio Pereira

Expressões numéricas 3

Nair foi a uma loja comprar roupas e calçados. Ela comprou duas blusas, um par de tênis e uma calça, como os representados a seguir.

R$ 42,00 cada

R$ 84,00

R$ 96,00

 • Sabendo que Nair pagou essa compra em 3 prestações iguais, determine, em reais, o valor de cada prestação, usando a estratégia que preferir.

Podemos responder a essa questão escrevendo a **expressão numérica** a seguir. Complete o que falta nessa expressão e determine o valor de cada prestação.

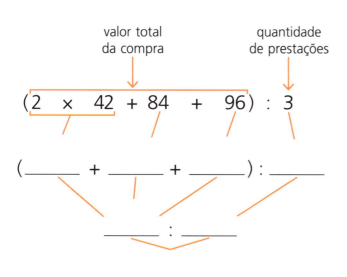

valor total da compra

quantidade de prestações

(2 × 42 + 84 + 96) : 3

(_____ + _____ + _____) : _____

_____ : _____

_____

Nas expressões numéricas, as operações entre parênteses, quando houver, devem ser feitas primeiro. Inicialmente, efetuamos as multiplicações e as divisões na ordem em que aparecem. Depois, resolvemos as adições e subtrações na ordem em que aparecem.

O valor de cada prestação é R$ _____.

Pratique e aprenda

1. Eliana foi à mesma loja que Nair e gastou R$ 48,00 a menos do que ela. A compra de Eliana foi paga em duas prestações iguais.

Quantos reais Eliana pagou em cada prestação? Escreva e resolva uma expressão numérica para responder a esta questão.

2. Resolva as expressões numéricas. Lembre-se de que as operações entre parênteses devem ser feitas primeiro.

A 68 : (20 − 3) + 3 × 12

B 10 + 48 : 4 × 3 − 20

3. Observando 2 máquinas de uma fábrica, constatou-se que uma delas produziu 112 peças em 7 h e a outra produziu 144 peças em 8 h. Se as duas máquinas mantiverem o mesmo ritmo, quantas peças, ao todo, elas vão produzir em 1 h?

Escreva uma expressão numérica que represente a solução dessa questão e resolva-a.

4. Odair tinha R$ 860,00 na sua conta bancária. Ele retirou a metade dessa quantia para pagar algumas contas e, depois, retirou R$ 117,00 para abastecer seu carro com gasolina. Após as retiradas, quantos reais restaram na conta bancária de Odair?

Contorne e resolva a expressão numérica a seguir cujo resultado seja a solução dessa situação.

860 − (860 : 2 − 117)   860 − (860 : 2 + 117)

860 + 860 : 2 − 117   860 − 860 : 2 + 117

5. Valmir e três amigos viajaram juntos para São Paulo a fim de visitar a Bienal do Livro. As despesas com pedágio, combustível, hospedagem e alimentação totalizaram R$ 1 264,00 e foram divididas igualmente entre todos. Na Bienal, Valmir comprou um livro por R$ 47,00 e outro por R$ 29,00.

Escreva e resolva uma expressão numérica para calcular quantos reais Valmir gastou nessa viagem.

Pavilhão de eventos do Anhembi, em São Paulo, durante a 24ª Bienal Internacional do Livro, em 2016.

6. Uma escola ganhou de um supermercado algumas caixas de bombons, como a representada ao lado. Foram distribuídos 4 bombons para cada um dos 81 alunos da escola e 2 bombons para cada um dos 13 funcionários.

De acordo com essa distribuição, quantas caixas de bombons a escola ganhou?

7. Otávio foi com sua esposa e seu filho ao parque de diversões.

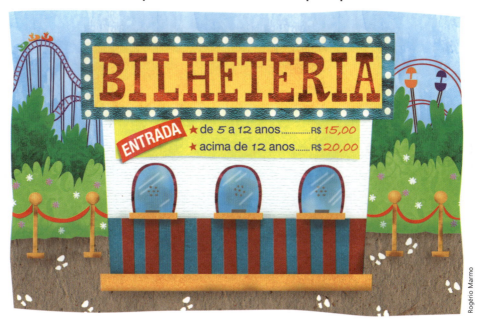

a. Sabendo que Otávio tem 35 anos, sua esposa tem 32 anos e seu filho tem 10 anos, quantos reais Otávio gastou ao todo com as entradas?

b. Em certo dia, o parque arrecadou R$ 5 750,00 com as entradas, sendo R$ 1 470,00 com ingressos de R$ 15,00 e R$ 4 280,00 com ingressos de R$ 20,00. Quantas pessoas, no total, pagaram a entrada nesse dia?

8. Usando os símbolos +, −, × ou :, complete o que falta nas expressões numéricas abaixo, de maneira que se tornem verdadeiras.

a. 15 _____ 5 + 18 : 6 = 13

c. 12 : 4 − 3 × 1 _____ 5 = 5

b. 12 + 36 : 9 _____ 3 = 24

d. 7 + 2 − 3 × 2 _____ 2 = 6

9. Observe os cálculos e as anotações que Henrique fez.

22 + 3 = 30 − 5
(22 + 3) x 4 = (30 − 5) x 4
25 x 4 = 25 x 4
100 = 100
Multipliquei ambos os membros por um mesmo número.

42 − 6 = 24 + 12
(42 − 6) : 6 = (24 + 12) : 6
36 : 6 = 36 : 6
6 = 6
Dividi ambos os membros por um mesmo número.

Rafael L. Gaion

Assim como Henrique, multiplique ou divida ambos os membros de cada igualdade por um mesmo número e mantenha as igualdades.

A

18 + 17 = 41 − 6

(18 + 17) × _____ = (41 − 6) × _____

_____ × _____ = _____ × _____

_____ = _____

B

21 − 3 = 30 − 12

(21 − 3) : _____ = (30 − 12) : _____

_____ : _____ = _____ : _____

9 = 9

- O que você pode perceber em relação às igualdades escritas por Henrique e as que você completou nos itens **A** e **B**?

Nos cálculos, as igualdades se mantiveram, pois ambos os membros foram multiplicados ou divididos por um mesmo número.

Divirta-se e aprenda

Pense rápido

Vamos precisar de:

- calculadora

Procedimentos:

Siga as orientações do professor para o início do jogo. Todos os participantes devem se organizar, sentados ou de pé, em formação de "U", com o professor de frente para os alunos.

O professor vai ditar algumas multiplicações para serem resolvidas mentalmente, sem ajuda de anotações ou de material de contagem. A cada operação proposta, o participante deve realizar mentalmente os cálculos. Aquele que levantar a mão primeiro, responde. Em seguida, todos devem conferir se a resposta do colega está certa usando a calculadora.

Caso o jogador responda de maneira correta, ele deve explicar aos outros qual foi o procedimento utilizado para chegar ao resultado.

Vence o jogo quem conseguir resolver corretamente a maior quantidade de operações propostas pelo professor.

Rivaldo Barboza

Ponto de chegada

Nesta unidade, estudamos a multiplicação e suas propriedades, a divisão e as expressões numéricas envolvendo essas operações. Além disso, vimos que as operações de multiplicação e divisão são inversas. Para revisar o que você estudou, leia e complete os itens.

a. Estudamos as seguintes **propriedades da multiplicação**.

Comutativa

$4 \times 2 =$ _____ $\times$ _____

Associativa

$(4 \times 2) \times 3 = 4 \times ($ _____ $\times 3)$

Elemento neutro

$4 \times$ _____ $= 4$

Distributiva

$2 \times (3 + 4) = 2 \times$ _____ $+ 2 \times$ _____

b. Estudamos a **divisão com resto**. Complete o quociente e o resto da divisão abaixo.

```
dividendo ⟶   7   6   1   4  | 2   5   ⟵ divisor
            – 7   5
              0   1   1   4   ___ ___ ___  ⟵ quociente
            –       1   0   0
                   _____
      resto ⟶     ___ ___ ___
```

c. Aprendemos a resolver **expressões numéricas** com as operações de adição, subtração, multiplicação e divisão.
Resolva a expressão numérica $7 \times 3 - 32 : (2 + 2 \times 3)$.

d. Compreendemos que as operações de multiplicação e divisão são inversas.

_____ $: 8 = 9$, pois $8 \times 9 =$ _____

6 Figuras geométricas planas

Detalhes da arquitetura da Torre Eiffel, em Paris, na França, em 2016.

davdf/iStock/Getty Images

Ponto de partida

1. Em sua opinião, como o fotógrafo se posicionou para tirar essa foto em relação à torre?

2. Que figuras geométricas planas podemos reconhecer nessa foto?

Estudando retas

Um dos elementos básicos da geometria é a **reta**. Em seu caderno, Fernando desenhou os pontos **A** e **B**. Depois, ele desenhou a reta que passa por eles, como representado abaixo.

UMA RETA NÃO TEM COMEÇO NEM FIM. O DESENHO QUE EU FIZ MOSTRA APENAS UM PEQUENO PEDAÇO DA RETA.

Podemos indicar essa reta usando letras minúsculas do nosso alfabeto (reta **r**) ou dois de seus pontos ($\overleftrightarrow{AB}$).

A parte da reta que começa no ponto **A**, passa pelo ponto **B** e se estende indefinidamente é chamada **semirreta**, neste caso, denotada por $\overrightarrow{AB}$. Uma semirreta tem começo, mas não tem fim.

A parte da reta que começa no ponto **A** e vai até o ponto **B** é chamada **segmento de reta**, neste caso, denotada por $\overline{AB}$. Um segmento de reta tem começo e fim.

Pratique e aprenda

1. Contorne a figura que representa uma semirreta e marque com um **X** a que representa um segmento de reta.

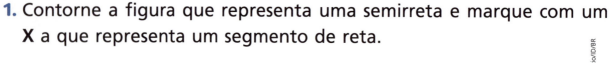

A ————— B   C ————— D   E ————— F

2. Complete as afirmações de acordo com as retas e os pontos representados na figura a seguir.

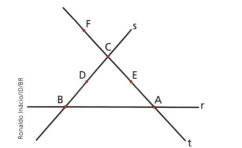

> **Dica** Os pontos são indicados com letras maiúsculas do nosso alfabeto.

a. A reta **r** passa pelos pontos _____ e _____.

b. A reta _____ passa pelos pontos **C** e **D**.

c. A reta _____ passa pelos pontos **E** e **F**.

d. A reta _____ cruza com a reta _____ no ponto **B**.

e. A reta _____ cruza com a reta _____ no ponto **A**.

f. A reta _____ cruza com a reta _____ no ponto **C**.

3. Aline desenhou algumas figuras. Quantos segmentos de reta ela utilizou em cada uma delas?

A

B

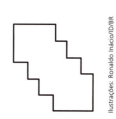
C

_____   _____   _____

_____   _____   _____

4. Veja os procedimentos que Nádia executou em uma folha de papel.

1º Nádia dobrou a folha de papel ao meio.

Sergio L. Filho

3º Em seguida, ela abriu a folha e, com a régua, traçou a reta **r** sobre uma das marcas das dobras e a reta **s** sobre a outra marca.

Eduardo C./Sergio L. Filho

2º Depois, dobrou ao meio uma das metades da folha.

Sergio L. Filho

4º Por fim, Nádia traçou a reta **t** cruzando com a reta **r**.

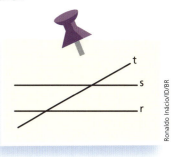

Eduardo C./Sergio L. Filho/Tamires Rose Azevedo

Veja a seguir a representação da construção de Nádia.

- As retas **r** e **s** não se cruzam, ou seja, elas não têm ponto em comum, pois estão à mesma distância uma da outra. Elas são chamadas retas **paralelas**.

- As retas **r** e **t** se cruzam, ou seja, elas têm apenas um ponto em comum. Elas são chamadas retas **concorrentes**.

Ronaldo Inácio/ID/BR

Agora, complete os itens usando as palavras **concorrentes** ou **paralelas**.

a. As retas **s** e **t** são _____.

b. As retas **s** e **r** são _____.

c. As retas **t** e **r** são _____.

Estudando ângulos

Em um relógio, os ponteiros indicam horas, minutos e segundos.

O movimento dos ponteiros e os giros que eles fazem nos dão a ideia de **ângulo**.

Como vimos no volume anterior, o ângulo é formado por duas semirretas de mesma origem. As semirretas são os **lados** do ângulo e a origem dessas semirretas é chamada **vértice**.

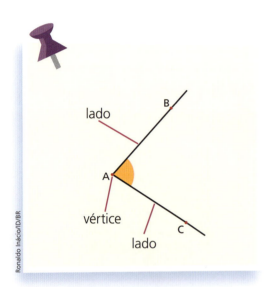

lado

vértice

lado

O ângulo ao lado é denotado por Â, BÂC ou CÂB. Os lados são as semirretas $\overrightarrow{AB}$ e $\overrightarrow{AC}$. O ponto **A**, origem das semirretas, é o vértice desse ângulo.

Relógio de rua.

Que curioso!

Gigante pontual e centenário

O Relógio de São Pedro, localizado no centro da cidade de Salvador, na Bahia, foi inaugurado em 15 de novembro de 1916. Ele é formado por quatro relógios, apoiados em uma escultura de ferro fundido e possui 6,5 metros de altura. Em 1999, foi atingido acidentalmente por um caminhão, passando em seguida por uma completa restauração.

Relógio de São Pedro, em Salvador, na Bahia, em 2016.

1. Complete os quadros nomeando os elementos dos ângulos.

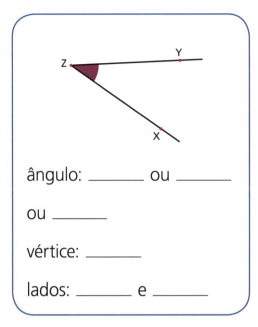

ângulo: _____ ou _____

ou _____

vértice: _____

lados: _____ e _____

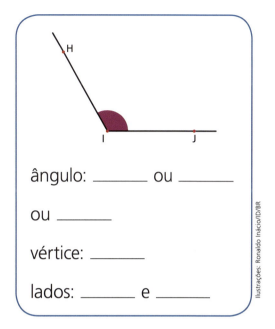

ângulo: _____ ou _____

ou _____

vértice: _____

lados: _____ e _____

Ilustrações: Ronaldo Inácio/ID/BR

2. A unidade de medida usada para medir ângulos é o **grau**, indicada pelo símbolo °. Usando um transferidor, meça os ângulos e indique suas medidas.

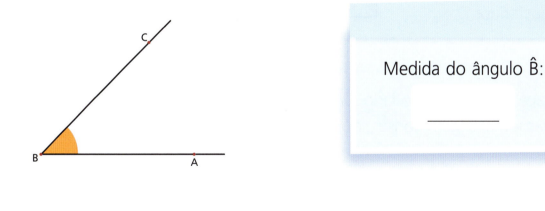

Medida do ângulo B̂:

_____

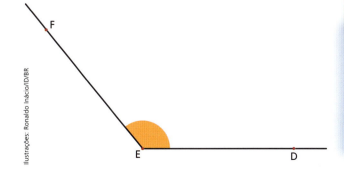

Ilustrações: Ronaldo Inácio/ID/BR

Medida do ângulo Ê:

_____

Matemática na prática

Samir vai construir um ângulo AÔB de 100° utilizando uma régua e um transferidor de 180°. Veja onde estão localizados a linha de fé e o centro do transferidor e acompanhe os passos dessa construção.

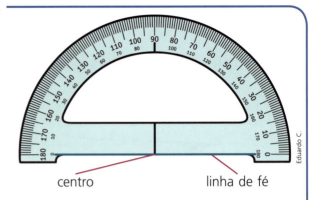

centro   linha de fé

1º Marque os pontos **O** e **B** e trace com uma régua o lado $\overrightarrow{OB}$ do ângulo.

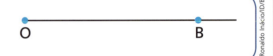

O   B

2º Posicione a linha de fé sobre o lado $\overrightarrow{OB}$ e o centro do transferidor no ponto **O**. Em seguida, marque o ponto **A** na indicação de 100° do transferidor.

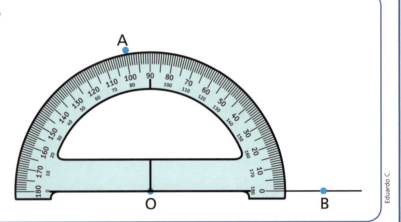

3º Trace com a régua o lado $\overrightarrow{OA}$ e marque o ângulo construído.

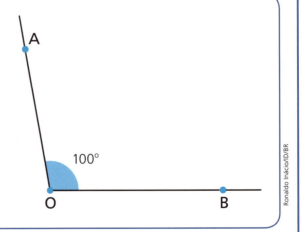

100°

Agora, usando o mesmo procedimento, construa no caderno um ângulo de 60° e outro de 135°.

3. Os ângulos podem ser classificados de acordo com suas medidas.

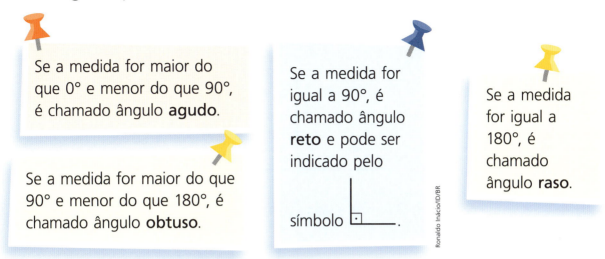

Se a medida for maior do que 0° e menor do que 90°, é chamado ângulo **agudo**.

Se a medida for maior do que 90° e menor do que 180°, é chamado ângulo **obtuso**.

Se a medida for igual a 90°, é chamado ângulo **reto** e pode ser indicado pelo

símbolo.

Se a medida for igual a 180°, é chamado ângulo **raso**.

Com o transferidor, meça os ângulos a seguir, anote suas medidas e os classifique em agudo, reto, obtuso ou raso.

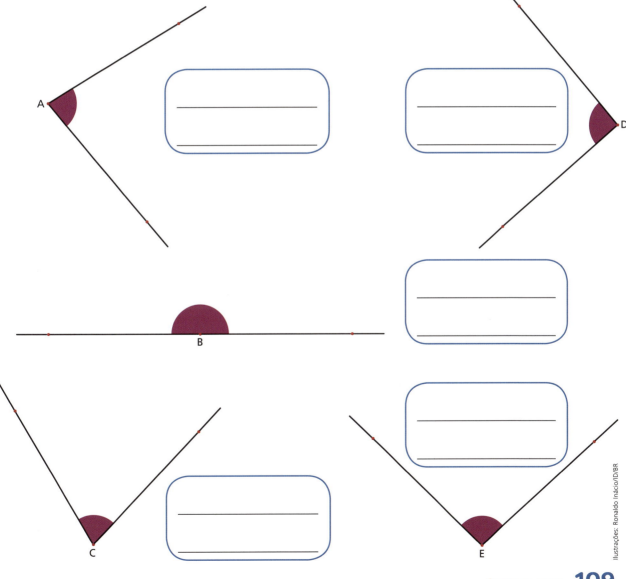

4. Em uma malha quadriculada, Júlio desenhou duas retas concorrentes e mediu o ângulo formado entre elas. A seguir, está representado o desenho de Júlio.

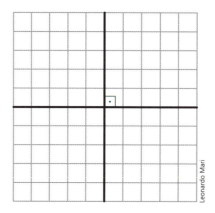

Leonardo Mari

- Qual é a medida do ângulo formado entre essas retas? _____

> Quando duas retas concorrentes formam ângulos de 90° ao se cruzarem, dizemos que elas são **perpendiculares**.

Agora, veja a imagem a seguir e complete os itens.

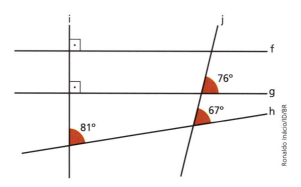

Ronaldo Inácio/ID/BR

a. As retas _____ e _____ são paralelas.

b. A reta _____ é perpendicular às retas _____.

c. As retas **h** e **j** são _____, mas não são perpendiculares.

d. A reta **h** não é _____ nem

_____ à reta **g**.

Polígonos

Um **polígono** é uma linha poligonal simples e fechada. Também vamos nos referir a polígono como a figura formada pela linha poligonal simples e fechada incluindo o seu interior.

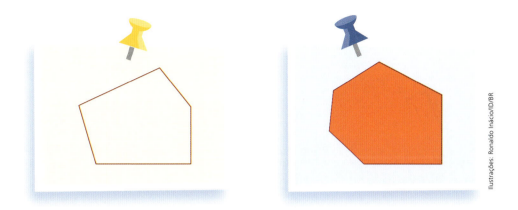

1. Entre as figuras abaixo, quais são polígonos? _____

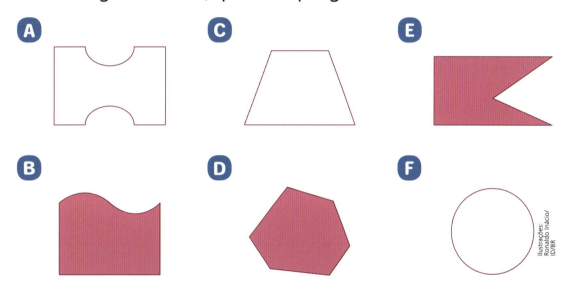

Em um polígono, podemos identificar **lados**, **vértices** e **ângulos**.

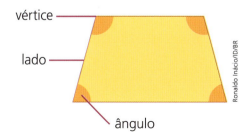

2. Quantos lados, vértices e ângulos tem o polígono acima?

_____

Alguns polígonos recebem nomes de acordo com a quantidade de lados que têm. Veja alguns exemplos.

Triângulo é um polígono de **3** lados.

Quadrilátero é um polígono de **4** lados.

Pentágono é um polígono de **5** lados.

Hexágono é um polígono de **6** lados.

Heptágono é um polígono de **7** lados.

Octógono é um polígono de **8** lados.

Pratique e aprenda

1. Podemos identificar formatos de polígonos em diversos objetos, como nas pipas a seguir.

stockakia/Shutterstock.com/ID/BR

Que polígonos você identifica na imagem?

2. Escreva o nome de cada um dos polígonos abaixo.

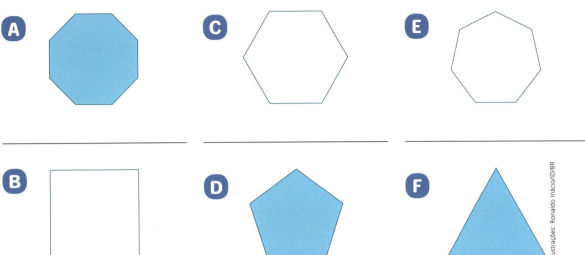

_____   _____   _____

_____   _____   _____

3. Escreva a quantidade de lados, vértices e ângulos de cada polígono a seguir.

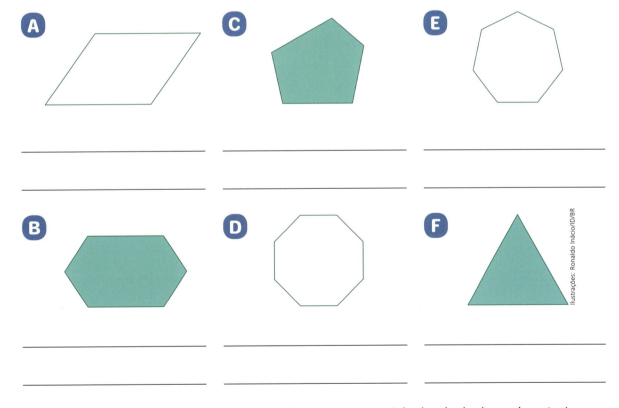

_____   _____   _____

_____   _____   _____

● O que você pode perceber em relação à quantidade de lados, de vértices e de ângulos dos polígonos acima?

_____

_____

4. Na imagem ao lado, está representada uma figura geométrica espacial.

a. Qual é o nome desta figura?

_____

b. Quais polígonos você identifica em cada uma das faces desta figura geométrica espacial?

_____

_____

5. Juliana recortou vários triângulos de papel colorido. Em seguida, ela colou esses triângulos em uma folha de papel, formando outros polígonos.

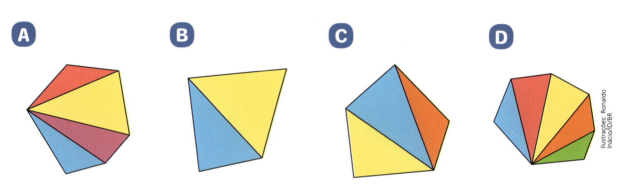

Ⓐ **Ⓑ** **Ⓒ** **Ⓓ**

ⓐ a. Que outros polígonos Juliana obteve?

_____

_____

b. Em cada figura que formou, Juliana usou quantos triângulos?

_____

_____

c. Qual é a quantidade de vértices de cada figura que Juliana formou?

_____

_____

💬 d. Em cada imagem, que relação é possível identificar entre a quantidade de vértices do polígono e a quantidade de triângulos utilizada para formá-lo?

Triângulos

Vimos, anteriormente, que o triângulo é um polígono que tem três lados, três vértices e três ângulos.

Veja como podemos nomear os elementos de um triângulo.

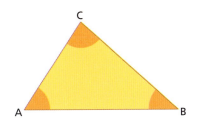

Triângulo **ABC**
- lados: $\overline{AB}$, $\overline{BC}$ e $\overline{AC}$
- vértices: **A**, **B** e **C**
- ângulos: Â, B̂ e Ĉ

De acordo com as medidas de seus lados, classificamos um triângulo como:

equilátero

Triângulo que tem os três lados com medidas iguais.

isósceles

Triângulo que tem, pelo menos, dois de seus lados com medidas iguais.

escaleno

Triângulo que tem todos os seus lados com medidas diferentes.

Ilustrações: Ronaldo Inácio/ID/BR

Pratique e aprenda

1. Escreva o nome dos triângulos. Depois, identifique e nomeie os seus lados, vértices e ângulos.

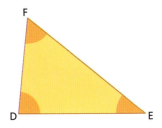

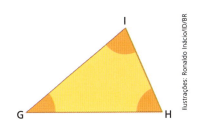

Ilustrações: Ronaldo Inácio/ID/BR

_____

_____

_____

_____

2. Observe as medidas dos lados dos triângulos abaixo e responda às questões.

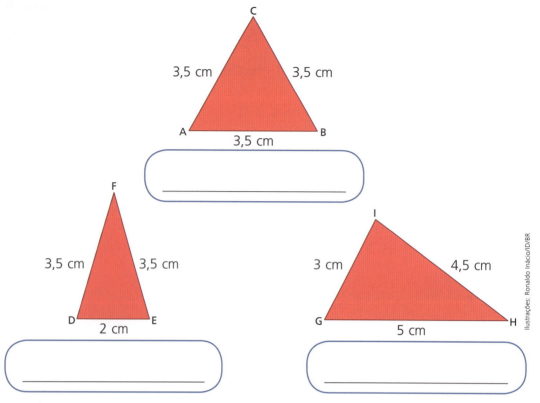

a. Qual dos triângulos tem os três lados com medidas iguais?

_____

b. Qual dos triângulos tem dois lados com a mesma medida?

_____

c. Qual dos triângulos tem os três lados com medidas diferentes?

_____

d. Classifique os triângulos acima em equilátero, isósceles ou escaleno.

Aprenda mais!

Ao ler o livro *Se você fosse um triângulo*, você vai se surpreender com a quantidade de lugares e objetos em que essa figura aparece. Já pensou o que você seria se fosse um triângulo?

Se você fosse um triângulo, de Marcie Aboff. Tradução de Carolina Maluf. Ilustrações de Sarah Dillard. São Paulo: Gaivota, 2011.

3. Usando uma régua, meça os lados de cada triângulo e classifique-o em equilátero, isósceles ou escaleno.

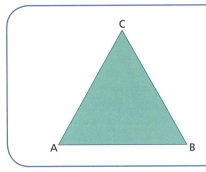

Lado $\overline{AB}$: _____ cm ou _____ mm

Lado $\overline{BC}$: _____ cm ou _____ mm

Lado $\overline{AC}$: _____ cm ou _____ mm

Classificação: _____

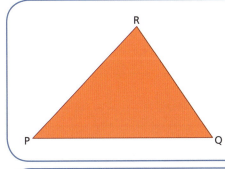

Lado $\overline{PQ}$: _____ cm ou _____ mm

Lado $\overline{QR}$: _____ cm ou _____ mm

Lado $\overline{PR}$: _____ cm ou _____ mm

Classificação: _____

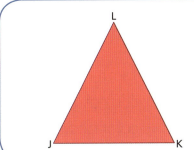

Lado $\overline{JK}$: _____ cm ou _____ mm

Lado $\overline{KL}$: _____ cm ou _____ mm

Lado $\overline{JL}$: _____ cm ou _____ mm

Classificação: _____

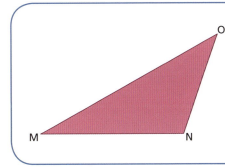

Lado $\overline{MN}$: _____ cm ou _____ mm

Lado $\overline{NO}$: _____ cm ou _____ mm

Lado $\overline{MO}$: _____ cm ou _____ mm

Classificação: _____

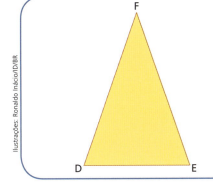

Lado $\overline{DE}$: _____ cm ou _____ mm

Lado $\overline{EF}$: _____ cm ou _____ mm

Lado $\overline{DF}$: _____ cm ou _____ mm

Classificação: _____

4. Mateus desenhou dois triângulos. Depois, mediu os ângulos com um transferidor e registrou essas medidas.

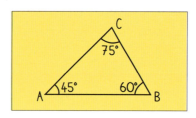

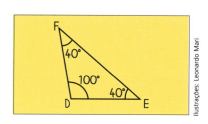

Ilustrações: Leonardo Mari

a. Determine a soma das medidas dos ângulos do triângulo:

- ABC. _____
- DEF. _____

b. O que você pode observar em relação à soma das medidas dos ângulos desses triângulos? _____

_____

Matemática na prática

Usando papel, régua, lápis de cor, cola e tesoura de pontas arredondadas, execute os passos abaixo.

1º
Desenhe, na folha de papel, um triângulo qualquer. Em seguida, pinte seus ângulos com cores diferentes e recorte-o.

2º
Divida em três partes a peça que você recortou, deixando um ângulo pintado em cada uma das partes.

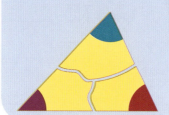

3º
Junte os cantos com os ângulos coloridos e cole-os em uma folha como indicado na imagem.

Ilustrações: Sergio L. Filho

a. Com o auxílio de um transferidor, determine a medida do ângulo formado pela união dos três cantos. _____

b. Compare a medida que você obteve com a de seus colegas. A que conclusão vocês chegaram? _____

_____

5. Além de classificarmos um triângulo pela medida dos seus lados, podemos classificá-lo quanto às medidas dos seus ângulos.

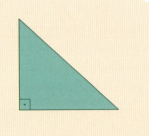

retângulo

Triângulo que possui um ângulo **reto**.

acutângulo

Triângulo que possui três ângulos **agudos**.

obtusângulo

Triângulo que possui um ângulo **obtuso**.

Agora, usando um transferidor, meça os ângulos de cada triângulo a seguir e classifique-os em retângulo, acutângulo ou obtusângulo.

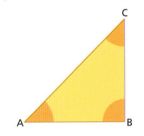

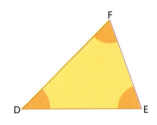

Ilustrações: Ronaldo Inácio/ ID/BR

_____   _____   _____

6. Utilizando transferidor e régua, classifique os triângulos a seguir de acordo com as medidas dos seus ângulos e as medidas dos seus lados.

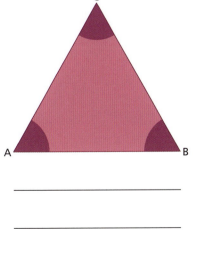

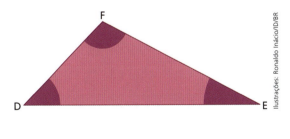

Ilustrações: Ronaldo Inácio/ID/BR

_____

_____

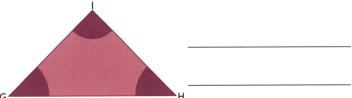

_____

_____

_____

_____

7. O professor de Vítor utilizou palitos de sorvete e tachinhas para construir um quadrilátero e um triângulo.

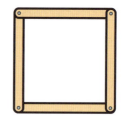 

Ao pressionar os vértices do quadrilátero, como na imagem, o professor de Vítor mostrou que a estrutura se modificava.

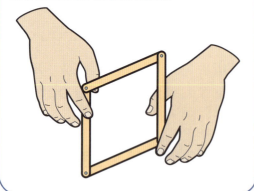

Em seguida, ele fez o mesmo com o triângulo, mas, ao pressionar seus vértices, sua estrutura não se modificou.

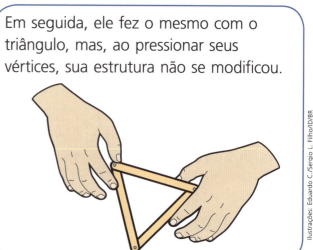

O triângulo é o único polígono cujo formato não se altera, pois seus vértices não são "articulados", ou seja, após construído, não é possível modificar a abertura de seus ângulos. Os demais polígonos, como o quadrilátero, podem ter o seu formato alterado mesmo quando os lados permanecem com o mesmo comprimento, pois seus vértices são "articulados".

Por manter sua estrutura rígida e firme, é comum encontrarmos formatos triangulares em construções como telhados, pontes e porteiras.

Parte da estrutura da ponte do Centro Cultural Dragão do Mar, em Fortaleza, estado do Ceará, no ano 2017.

Porteira de madeira na entrada de uma propriedade rural.

Junte-se a um colega e escrevam no caderno o nome de outras construções ou objetos do dia a dia em que é possível notar formatos triangulares em suas estruturas.

Matemática na prática

Podemos construir triângulos usando régua e compasso. Siga os comandos e construa, em seu caderno, o triângulo **ABC** com lados de medidas 3 cm, 4 cm e 5 cm.

1º Com o auxílio da régua, trace um segmento de reta medindo 5 cm e nomeie como $\overline{AB}$.

2º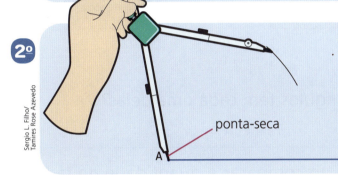

Com a régua, meça a abertura do compasso para que fique com 4 cm, apoie a ponta-seca em **A** e faça uma marcação.

3º Com o auxílio da régua, deixe a abertura do compasso com 3 cm, apoie a ponta-seca em **B** e faça uma marcação cruzando a que foi feita anteriormente.

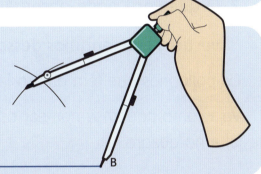

4º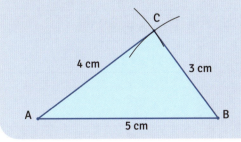

Nomeie o ponto de encontro das marcações usando a letra **C**. Trace os segmentos $\overline{AC}$ e $\overline{BC}$. Pronto, você construiu o triângulo **ABC** com lados de medidas 3 cm, 4 cm e 5 cm.

 Agora é com você. Verifique se é possível construir, no caderno, um triângulo com lados de medidas 6 cm, 3 cm e 4 cm e outro com lados medindo 2 cm, 4 cm e 7 cm. Depois, converse com seus colegas a respeito dessas construções.

Quadriláteros

Observe algumas figuras que Mariana desenhou em uma malha pontilhada.

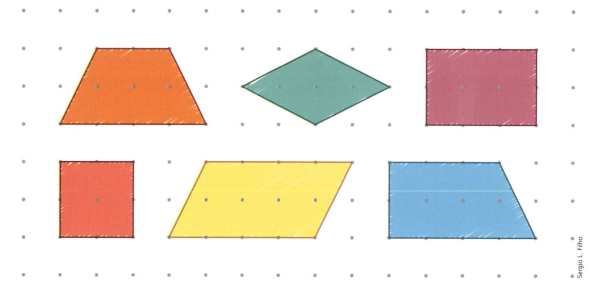

1. Quantos lados, vértices e ângulos tem cada uma delas?

_____

2. O que você pode observar ao comparar a quantidade de lados, de

vértices e de ângulos dessas figuras? _____

Os polígonos que têm quatro lados são chamados **quadriláteros**.

Veja como podemos nomear os elementos de um quadrilátero e complete o que falta no quadro.

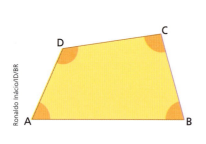

Quadrilátero **ABCD**

• lados: $\overline{AB}$, $\overline{BC}$, $\overline{CD}$ e $\overline{AD}$

• vértices: _____

• ângulos: _____

Uma característica do quadrilátero é ter lados e ângulos **opostos**. Na figura acima, o lado $\overline{AB}$ é oposto ao lado $\overline{CD}$ e o lado $\overline{AD}$ é oposto ao lado $\overline{BC}$. Em relação aos ângulos, o ângulo Â é oposto ao ângulo Ĉ e o ângulo B̂ é oposto ao ângulo D̂.

Pratique e aprenda

1. Identifique qual das figuras é um quadrilátero. Em seguida, nomeie seus lados, vértices e ângulos.

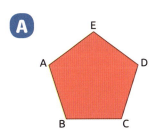

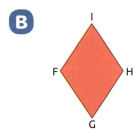

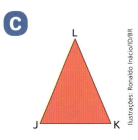

_____

_____

2. Alguns quadriláteros recebem nomes especiais, de acordo com a posição relativa de seus lados.

Trapézio

Quadrilátero que tem apenas um par de lados opostos paralelos.

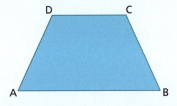

O lado $\overline{AB}$ é paralelo ao lado $\overline{CD}$.

Paralelogramo

Quadrilátero que tem dois pares de lados opostos paralelos.

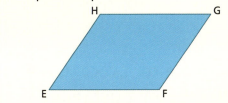

O lado $\overline{EF}$ é paralelo ao lado $\overline{GH}$.

O lado $\overline{EH}$ é paralelo ao lado $\overline{FG}$.

Observe os quadriláteros representados na malha pontilhada. Quais deles são:

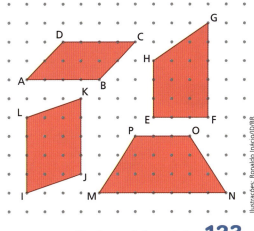

- trapézios? _____

- paralelogramos? _____

3. Alguns paralelogramos recebem nomes especiais de acordo com algumas de suas características.

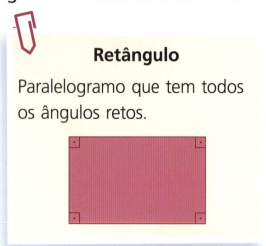

Retângulo
Paralelogramo que tem todos os ângulos retos.

Losango
Paralelogramo que tem todos os lados congruentes.

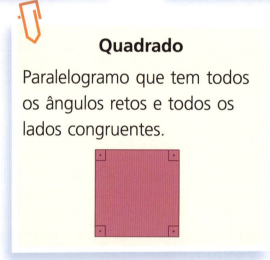

Quadrado
Paralelogramo que tem todos os ângulos retos e todos os lados congruentes.

Agora é com você. Classifique os quadriláteros abaixo em **retângulo**, **losango** ou **quadrado**.

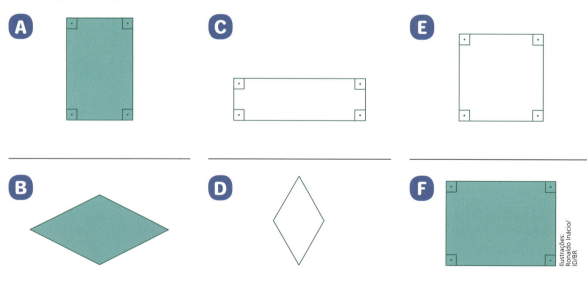

A _____

B _____

C _____

D _____

E _____

F _____

Matemática na prática

O tangram é um quebra-cabeça inventado há mais de 4 000 anos pelos chineses.

Este quebra-cabeça é formado por sete peças que podem ser dispostas de várias maneiras, compondo diferentes figuras.

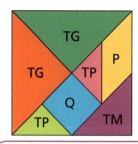

TG: triângulo grande
TM: triângulo médio
TP: triângulo pequeno
P: paralelogramo
Q: quadrado

1. Podemos construir polígonos utilizando algumas das peças do tangram. Observe alguns desses polígonos e classifique-os quanto à quantidade de lados.

A
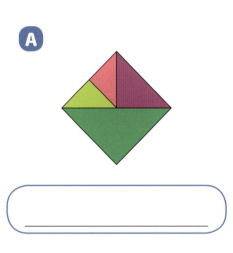
_____

C
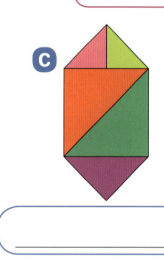
_____

B
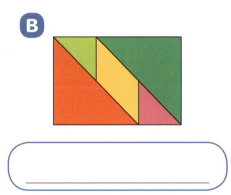
_____

D
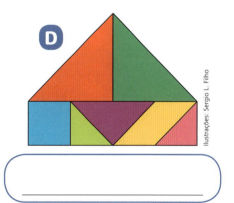
_____

2. Recorte o tangram da página **265** e construa:

   a. um triângulo, usando um quadrado e dois triângulos pequenos.

   b. um paralelogramo, usando dois triângulos.

   c. um quadrado, usando dois triângulos pequenos e um triângulo médio.

Circunferência

Beatriz fotografou a roda-gigante da cidade que visitou.

Chegando em casa, ela usou um *software* de edição de imagens e desenhou sobre a foto uma figura chamada **circunferência**.

Agora, observe a circunferência que Beatriz desenhou sobre outras fotos.

Roda-gigante London Eye, também conhecida como Roda do Milênio, em Londres, na Inglaterra, no ano 2016.

Imagens sem proporção entre si.

Relógio.

Moeda.

Bússola.

Biscoito.

• Cite outros objetos presentes no dia a dia cujo contorno lembra uma circunferência.

Na circunferência ao lado, podemos destacar alguns elementos.

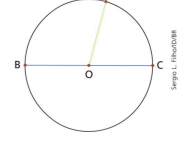

- O **centro** da circunferência é o ponto **O**.

- O segmento de reta $\overline{OA}$ é chamado **raio** e liga o centro a um ponto da circunferência.

- O segmento de reta $\overline{BC}$ é chamado **diâmetro** e liga dois pontos da circunferência, passando pelo centro.

Matemática na prática

Veja como Mauro fez para construir uma circunferência cujo raio mede 3 cm, usando régua e compasso.

1º Utilizando a régua, Mauro fez uma abertura de 3 cm com o compasso.

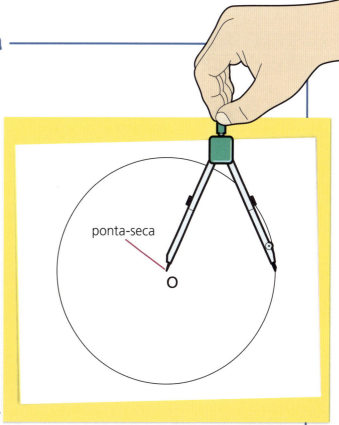

ponta-seca

O

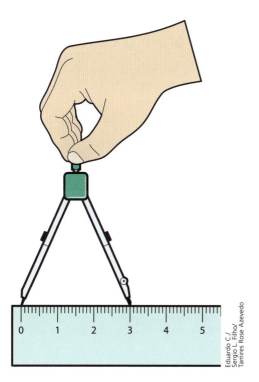

2º Em seguida, Mauro indicou um ponto **O**, fixou a ponta-seca do compasso nesse ponto e desenhou uma figura no papel, girando o compasso até completar uma volta, sem modificar a abertura do compasso. Essa figura é uma circunferência de centro **O** cujo raio mede 3 cm.

Agora é com você. Usando um compasso e uma régua, trace no caderno uma circunferência de centro **O** cujo raio mede entre 2 cm e 3,5 cm.

Pratique e aprenda

⚠ **1.** No interior da circunferência estão indicados vários pontos e um deles é o seu centro. Qual é a cor da linha que passa pelo centro dessa circunferência? _____

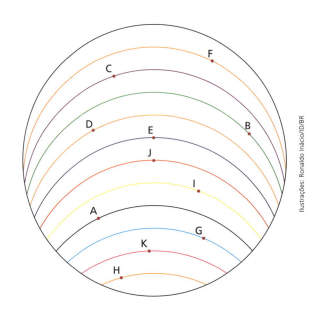

Ilustrações: Ronaldo Inácio/ID/BR

- Agora, utilizando um compasso, confira sua resposta.

◎ **2.** Entre os pontos indicados abaixo, apenas um é o centro de uma das circunferências. Qual é esse ponto? _____

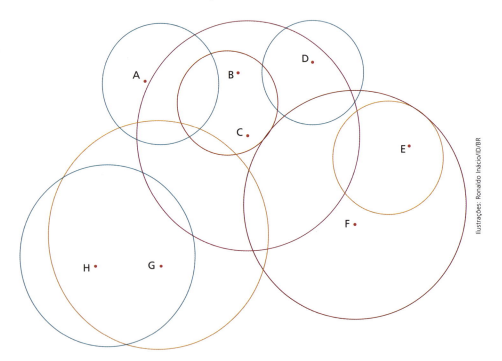

Ilustrações: Ronaldo Inácio/ID/BR

3. Na circunferência de centro **O** estão indicados os pontos **A**, **B** e **C**.

a. Em sua opinião, o que podemos afirmar a respeito da medida de $\overline{OA}$, $\overline{OB}$, e $\overline{OC}$?

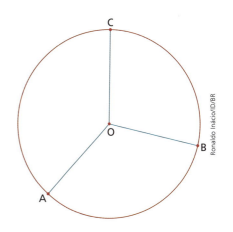

_____

_____

_____

_____

b. Agora, meça os segmentos de reta e indique suas medidas em centímetros.

● Medida de $\overline{OA}$: _____

● Medida de $\overline{OB}$: _____

● Medida de $\overline{OC}$: _____

4. Francine desenhou uma circunferência de centro **O** cuja medida do raio $\overline{OA}$ é 3 cm. Em seguida, traçou o diâmetro $\overline{BC}$.

a. Em sua opinião, qual é a relação entre a medida dos segmentos $\overline{OA}$ e $\overline{BC}$?

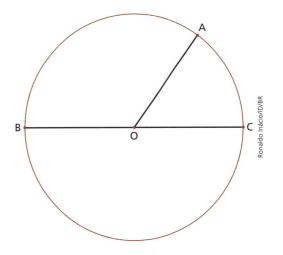

_____

_____

_____

_____

b. Qual é a medida do:

● raio? _____   ● diâmetro? _____

> A medida do **diâmetro** é igual ao dobro da medida do **raio**.

Ampliação e redução de figuras

Letícia vende geleia de frutas caseira em potes de três tamanhos diferentes. Para rotular os potes com os sabores das geleias, ela encomendou algumas etiquetas.

Ao receber as **reproduções** das etiquetas, todas do mesmo formato e tamanho, Letícia decidiu encomendar algumas maiores e outras menores para adequá-las aos tamanhos dos potes.

Etiqueta original.

Observe os tamanhos e os formatos das novas etiquetas encomendadas por Letícia.

Etiqueta ampliada.

Esta etiqueta é uma **ampliação** da etiqueta original. Suas medidas foram ampliadas, mas o formato foi mantido.

Ilustrações: Flávio Pereira

Etiqueta reduzida.

Esta etiqueta é uma **redução** da etiqueta original. Suas medidas foram reduzidas, mas o formato foi mantido.

Ao ampliarmos ou reduzirmos uma figura, suas medidas são alteradas, porém o formato permanece o mesmo.

Pratique e aprenda

1. Miguel construiu dois quadrados em uma malha quadriculada e destacou os lados correspondentes com cores iguais.

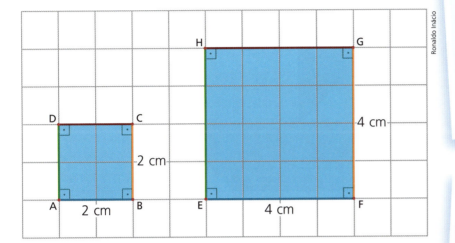

Ao dividirmos a medida de um lado do quadrado **ABCD** pela medida do lado correspondente do quadrado **EFGH**, obtemos sempre o mesmo quociente.

Ao ampliarmos ou reduzirmos uma figura, as medidas dos ângulos correspondentes permanecem as mesmas.

NESTE CASO, DIZEMOS QUE O QUADRADO **EFGH** É UMA AMPLIAÇÃO DO QUADRADO **ABCD**, ASSIM COMO O QUADRADO **ABCD** É UMA REDUÇÃO DO QUADRADO **EFGH**.

Agora, verifique se o quadrilátero **MNOP** é uma ampliação do quadrado **IJKL**.

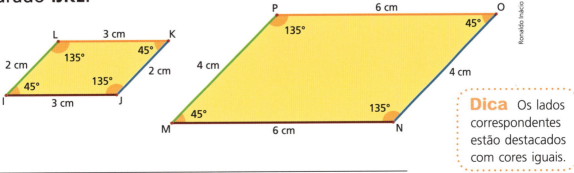

> **Dica** Os lados correspondentes estão destacados com cores iguais.

2. Veja como Marcos usou a malha quadriculada para ampliar e reduzir uma figura.

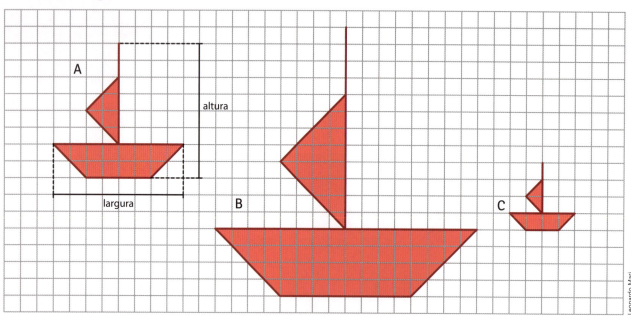

Leonardo Mari

a. Sabendo que a imagem **A** é o desenho original, qual delas é uma:

- ampliação? _____
- redução? _____

b. Quantos quadradinhos de largura e de altura tem o desenho:

- original?
- ampliado?
- reduzido?

Largura: _____   Largura: _____   Largura: _____

Altura: _____   Altura: _____   Altura: _____

c. Além de as larguras e as alturas terem a mesma quantidade de quadradinhos em cada desenho, que relação você percebe entre as quantidades de quadradinhos nas larguras e nas alturas dos desenhos?

3. Na malha quadriculada a seguir, faça uma ampliação e uma redução do triângulo apresentado.

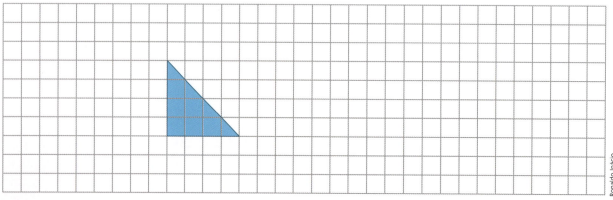

Ronaldo Inácio

4. Na imagem abaixo, o quadrado **ABCD** é uma ampliação do quadrado **EFGH**.

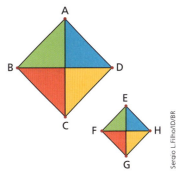

a. Qual é a medida do ângulo F̂?

_____

b. Na ampliação, qual é a medida do ângulo correspondente ao ângulo F̂?

_____

c. Faça a mesma comparação do item **b** para os demais ângulos das imagens.

- O que você pode concluir em relação às medidas dos ângulos?

_____

d. Ao ampliar uma imagem, o que acontece com as medidas dos:

- lados? _____

- ângulos? _____

5. Faça uma redução do desenho a seguir e meça os ângulos das duas imagens.

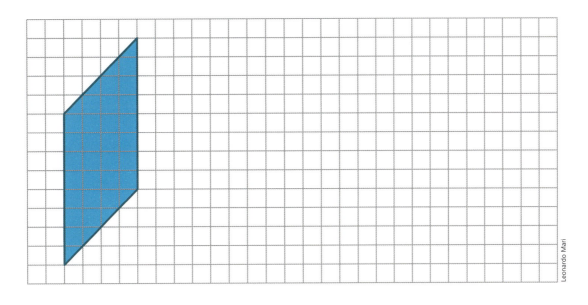

- Ao reduzir uma imagem, existe diferença entre as medidas dos ângulos da imagem original e dos ângulos da ampliação?

Ponto de chegada

Nesta unidade, estudamos retas, ângulos e polígonos. Além disso, também aprendemos sobre circunferência, ampliação e redução de figuras. Vamos relembrar? Leia e complete o que falta nos itens.

a. Vimos como representar **reta**, **semirreta** e **segmentos de reta**. Classifique cada uma das figuras a seguir.

_____   _____   _____

b. Classificamos ângulos de acordo com suas medidas.

- O ângulo **reto** mede _____.

- O ângulo **agudo** é maior do que _____ e menor do que _____.

- O ângulo **obtuso** é maior do que _____ e menor do que _____.

c. Conhecemos os elementos de um polígono.

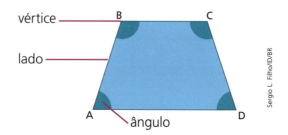

- O polígono representado acima é um _____.

  Nesse polígono, os ângulos ____ e ____ são agudos e os ângulos ____ e ____ são obtusos.

d. Estudamos as características de alguns polígonos.

- Em um triângulo acutângulo, todos os ângulos são _____.

- Em um triângulo obtusângulo, um dos ângulos é _____ e os outros dois são agudos.

- O quadrado é um paralelogramo que tem todos os ângulos _____ e todos os lados _____.

e. Destacamos alguns elementos de uma circunferência.

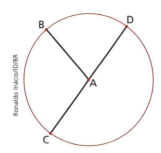

Na circunferência acima, o ponto **A** é o _____, $\overline{AB}$ é um _____ e $\overline{CD}$ é um _____.

f. Podemos identificar uma **ampliação** ou uma **redução** de figura e fazer reproduções usando malhas.

- Qual dos desenhos a seguir é uma redução da imagem abaixo?

_____

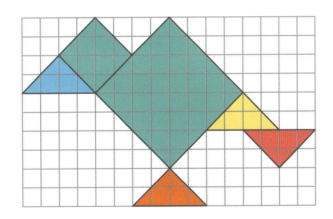

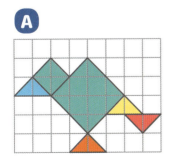

A

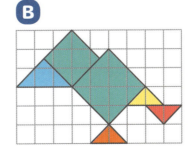

B

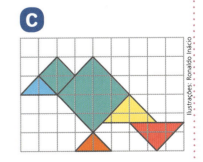

C

unidade

7 Frações

Voo de balões na Capadócia, Turquia, em 2017.

Ponto de partida

1. Como você faria para representar com números a quantidade de balões amarelos em relação à quantidade total de balões que aparecem na foto?

2. Represente de duas maneiras diferentes a quantidade de balões que não são amarelos em relação à quantidade total de balões.

Fração de um inteiro

O professor Mauro desenhou algumas figuras e as dividiu em partes iguais. Em seguida, pintou algumas partes dessas figuras.

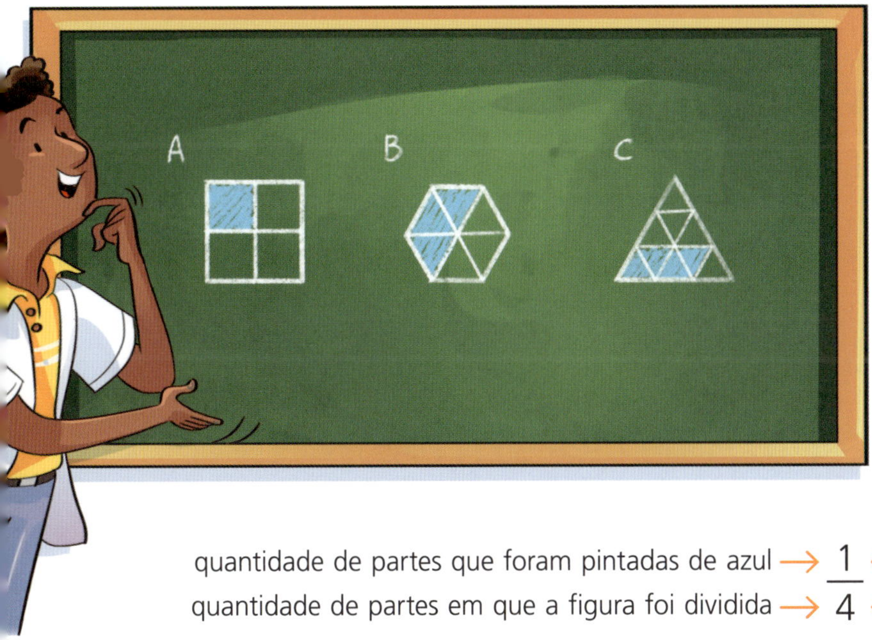

Flavio Pereira

A figura **A** está dividida em quatro partes iguais, das quais uma está pintada de azul.

Considerando a figura **A** como um inteiro, podemos representar a parte pintada de azul usando uma **fração**.

quantidade de partes que foram pintadas de azul → 1 ← numerador
quantidade de partes em que a figura foi dividida → 4 ← denominador

$$\frac{1}{4}$$

Agora, represente por meio de frações as partes pintadas de azul nas figuras **B** e **C**.

Pratique e aprenda

1. As figuras abaixo foram divididas em partes iguais. Escreva uma fração para representar a parte pintada de azul em cada uma delas.

A

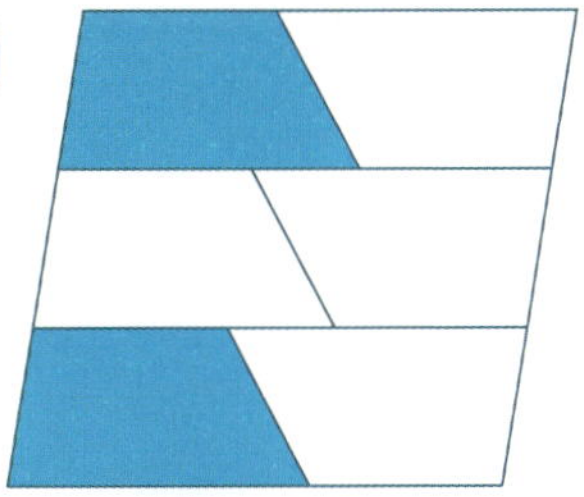

B

C

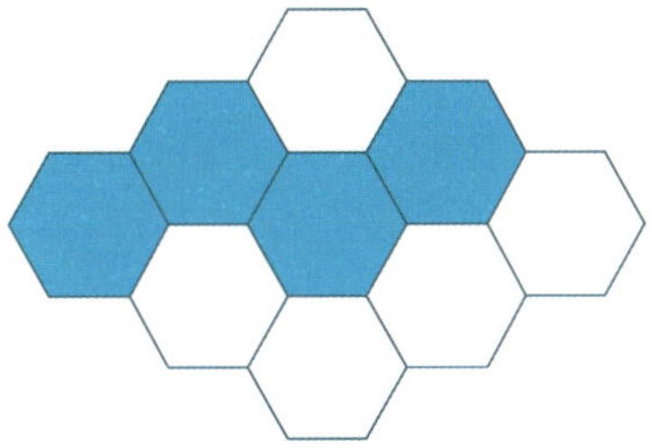

D

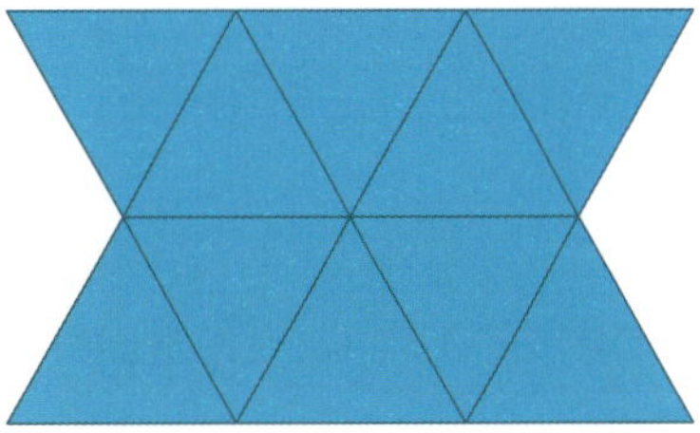

Ilustrações: Sergio L. Filho/ ID/BR

2. Em cada item, pinte a quantidade de partes da figura para representar a fração indicada.

a. $\dfrac{1}{3}$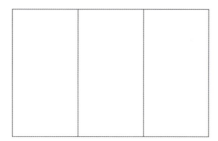

c. $\dfrac{4}{5}$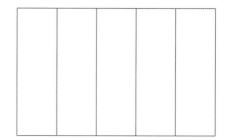

b. $\dfrac{2}{4}$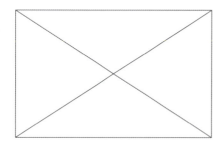

d. $\dfrac{4}{6}$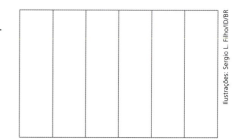

3. Marta fez uma torta para ela e seus filhos. Antes de servir, Marta repartiu a torta em partes iguais, da qual foram retirados alguns pedaços.

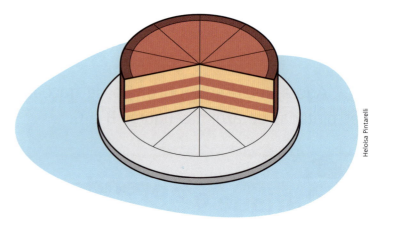

a. Em quantos pedaços a torta foi dividida? _____

b. Quantos pedaços foram retirados? _____

c. Quantos pedaços ficaram no prato? _____

d. Cada pedaço representa que fração da torta?

e. Escreva uma fração para representar:

• os pedaços que foram retirados.

• os pedaços que ficaram no prato.

4. Luana colocou um líquido em três recipientes para fazer alguns experimentos na aula de Ciências. Faça uma estimativa e contorne a fração que representa a parte ocupada pelo líquido em cada recipiente.

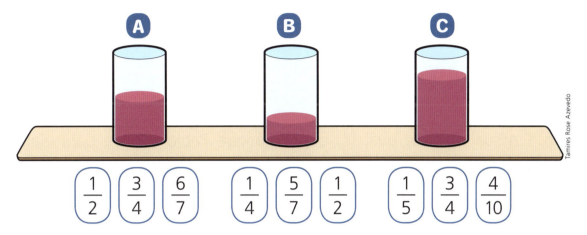

A

$\dfrac{1}{2}$ $\dfrac{3}{4}$ $\dfrac{6}{7}$

B

$\dfrac{1}{4}$ $\dfrac{5}{7}$ $\dfrac{1}{2}$

C

$\dfrac{1}{5}$ $\dfrac{3}{4}$ $\dfrac{4}{10}$

5. Veja como Pedro localizou a fração $\dfrac{3}{4}$ em uma reta numérica.

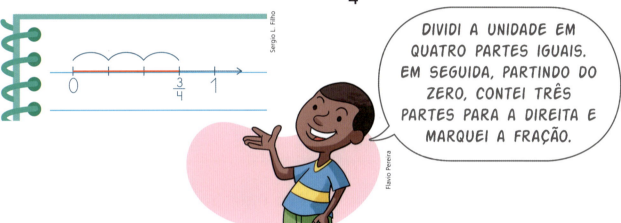

DIVIDI A UNIDADE EM QUATRO PARTES IGUAIS. EM SEGUIDA, PARTINDO DO ZERO, CONTEI TRÊS PARTES PARA A DIREITA E MARQUEI A FRAÇÃO.

Agora, use o mesmo procedimento de Pedro e localize as frações na reta numérica. No último item, você vai fazer a divisão da unidade na reta.

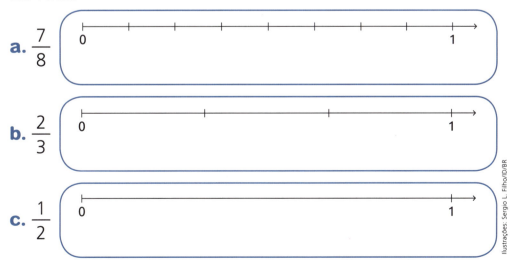

a. $\dfrac{7}{8}$

b. $\dfrac{2}{3}$

c. $\dfrac{1}{2}$

Para fazer juntos!

Pablo elaborou uma sequência formada por frações e entregou para Vítor resolver.

a. Ajude Vítor a completar essa sequência.

$$\frac{4}{5}, \frac{5}{6}, \frac{6}{7}, \frac{7}{8}, \underline{\quad}, \underline{\quad}, \underline{\quad}, \underline{\quad}.$$

b. Em sua opinião, qual foi o padrão que Pablo utilizou para elaborar essa sequência? _____

c. Agora é a sua vez. Elabore uma sequência e escreva as quatro primeiras frações. Em seguida, entregue para um colega escrever as próximas quatro frações dessa sequência. Depois, converse com seu colega e verifique se a resposta que ele apresentou está de acordo com o que você planejou.

$$\underline{\quad}, \underline{\quad}, \underline{\quad}, \underline{\quad}, \underline{\quad}, \underline{\quad}, \underline{\quad}, \underline{\quad}.$$

6. Observe as figuras abaixo e escreva uma fração para representar a parte pintada de vermelho em cada uma delas. Em seguida, escreva como se leem essas frações.

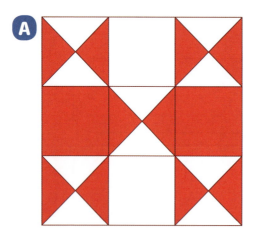

A

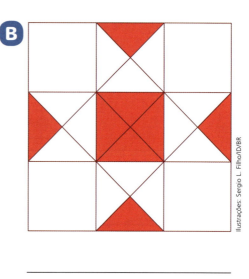

B

_____   _____

_____   _____

Ilustrações: Sergio L. Filho/ID/BR

Fração de uma quantidade

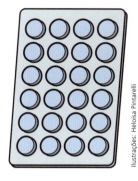

Danilo está fazendo um tratamento médico e precisa tomar $\frac{5}{6}$ dos comprimidos que aparecem na cartela ao lado.

• Como você faria para determinar quantos comprimidos Danilo precisa tomar?

Para responder a esta pergunta, precisamos calcular $\frac{5}{6}$ de 24. Veja a seguir uma maneira de resolver essa situação e complete os cálculos.

Como o denominador da fração é 6, organizamos os comprimidos da cartela em 6 grupos. Cada grupo terá _____ comprimidos, pois 24 : 6 = _____.

Cada grupo corresponde a $\frac{1}{6}$ do total de comprimidos.

$\frac{1}{6}$ de 24 é igual a _____

Como queremos calcular $\frac{5}{6}$ do total de comprimidos, consideramos 5 grupos, de acordo com o numerador da fração.

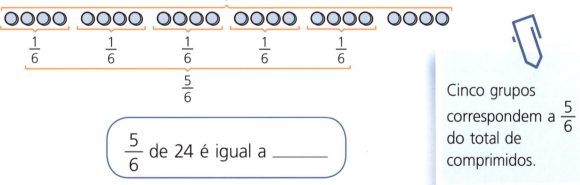

Cinco grupos correspondem a $\frac{5}{6}$ do total de comprimidos.

$\frac{5}{6}$ de 24 é igual a _____

Portanto, Danilo precisa tomar 20 comprimidos.

De acordo com os cálculos, concluímos que:

$\frac{5}{6}$ de 24 é igual a 20, pois 24 : 6 = 4 e 5 × 4 = 20.

1. Veja os bonés que Rogério está expondo em uma feira livre.

Isabela Santos

a. Que fração do total de bonés representa aqueles que são estampados com letras?

b. Que fração representa os bonés com aba verde?

c. Do total de bonés, quantos correspondem a:

- $\dfrac{3}{5}$? _____

- $\dfrac{4}{7}$? _____

- $\dfrac{4}{5}$? _____

2. Amarildo verificou que $\dfrac{2}{7}$ dos 56 parafusos comprados para revender em sua loja apresentaram algum tipo de defeito. Ao todo, quantos parafusos dessa compra eram defeituosos?

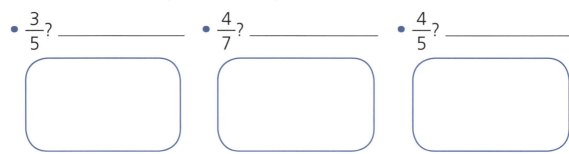

3. O Brasil conquistou 8 campeonatos mundiais de Fórmula 1  até 2017. Emerson Fittipaldi conquistou $\frac{1}{4}$ desses títulos. Dos títulos restantes, $\frac{1}{2}$ pertence a Nelson Piquet e $\frac{1}{2}$ pertence a Ayrton Senna.

Calcule quantas vezes cada um destes pilotos foi campeão mundial de Fórmula 1.

- Emerson Fittipaldi:

  _____

- Nelson Piquet:

  _____

- Ayrton Senna:

  _____

4. Na abertura de uma empresa em sociedade, Roberta investiu R$ 1 000,00 e Juliana, R$ 3 000,00. A empresa rendeu R$ 36 000,00 de lucro, que serão repartidos entre as duas sócias de acordo com o que elas investiram.

a. As figuras a seguir estão divididas em partes iguais. Contorne a que apresenta de maneira adequada a relação entre o valor investido individualmente por Roberta e Juliana e o total investido.

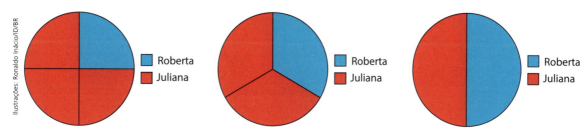

- Roberta
- Juliana

- Roberta
- Juliana

- Roberta
- Juliana

b. Determine a quantia que Roberta e Juliana vão receber após repartirem o lucro da empresa.

5. Quantos centímetros correspondem a $\frac{3}{5}$ de 75 cm?

Veja como podemos resolver essa questão usando a calculadora.

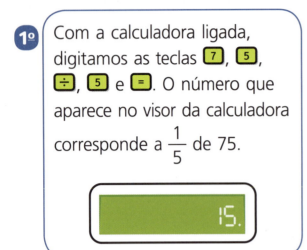

1º Com a calculadora ligada, digitamos as teclas **7**, **5**, **÷**, **5** e **=**. O número que aparece no visor da calculadora corresponde a $\frac{1}{5}$ de 75.

15.

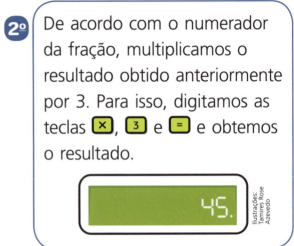

2º De acordo com o numerador da fração, multiplicamos o resultado obtido anteriormente por 3. Para isso, digitamos as teclas **×**, **3** e **=** e obtemos o resultado.

45.

Ilustrações: Tamires Rose Azevedo

Utilizando o mesmo procedimento, determine:

a. $\frac{4}{7}$ de 49 mm.

b. $\frac{7}{10}$ de 90 m.

c. $\frac{5}{6}$ de 144 km.

_____   _____   _____

6. Marilene produziu um queijo de 8 kg. Ela vai cortar um pedaço cuja massa corresponde a $\frac{1}{4}$ da massa desse queijo. Após retirar esse pedaço e vendê-lo, quantos quilogramas de queijo vão sobrar?

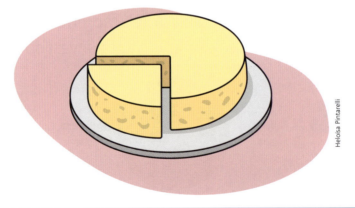

Heloísa Pintarelli

• Explique a um colega como você fez para resolver este desafio.

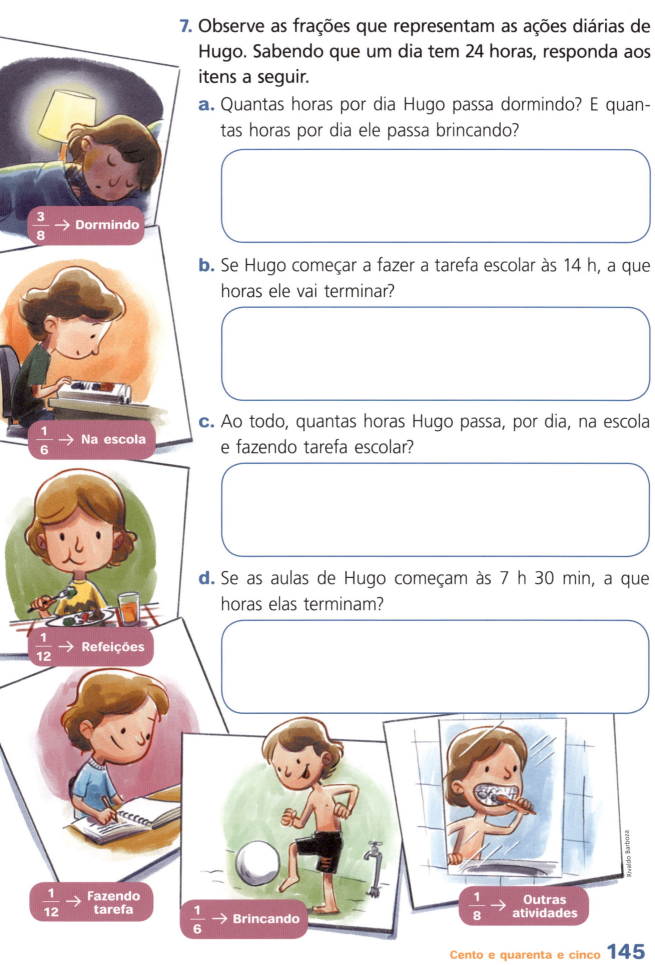

7. Observe as frações que representam as ações diárias de Hugo. Sabendo que um dia tem 24 horas, responda aos itens a seguir.

a. Quantas horas por dia Hugo passa dormindo? E quantas horas por dia ele passa brincando?

b. Se Hugo começar a fazer a tarefa escolar às 14 h, a que horas ele vai terminar?

c. Ao todo, quantas horas Hugo passa, por dia, na escola e fazendo tarefa escolar?

d. Se as aulas de Hugo começam às 7 h 30 min, a que horas elas terminam?

$\dfrac{3}{8}$ → Dormindo

$\dfrac{1}{6}$ → Na escola

$\dfrac{1}{12}$ → Refeições

$\dfrac{1}{12}$ → Fazendo tarefa

$\dfrac{1}{6}$ → Brincando

$\dfrac{1}{8}$ → Outras atividades

Rivaldo Barboza

Números na forma mista

O doce de leite é encontrado em diversos países, com diferentes nomes, como *dulce de leche*, *manjar blanco*, *arequipe*, entre outros.

Pastoso, cortado em tabletes ou mole, a receita básica desse doce é leite fervido com açúcar.

Receita de doce de leite

Ingredientes
- 2 litros e meio de leite
- 1 quilograma de açúcar

Modo de fazer
- Misture o leite com o açúcar em uma panela e leve ao fogo mexendo sempre até adquirir consistência cremosa.

Veja como podemos representar a quantidade de leite dessa receita.

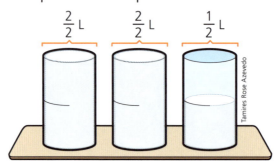

$\frac{2}{2}$ L $\frac{2}{2}$ L $\frac{1}{2}$ L

Temos três recipientes com capacidade de 1L. Enchemos inteiramente de leite dois deles e um deixamos pela metade. Os recipientes cheios estão indicados por $\frac{2}{2}$ L, ou seja, o recipiente está dividido em duas partes e ambas estão com leite. Logo, cada um deles possui 1 L de leite, pois $\frac{2}{2}$ L = 1 L.

O terceiro recipiente está com leite até a metade, logo a fração correspondente é $\frac{1}{2}$ L.

Podemos representar essa quantidade de leite da seguinte maneira:

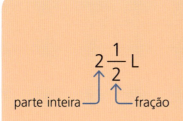

O número $2\frac{1}{2}$ é formado por uma parte inteira, representada pelo número 2, e pela fração $\frac{1}{2}$. Esse tipo de número é chamado **número na forma mista** e lê-se: **dois inteiros e um meio**.

Os números na forma mista também podem ser escritos na forma fracionária.

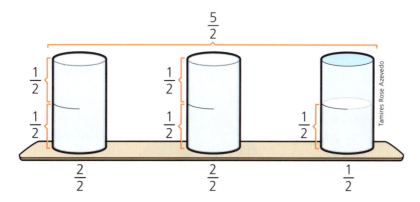

Pratique e aprenda

1. Escreva um número na forma mista e outro na forma fracionária para representar as partes pintadas de amarelo em cada item.

A

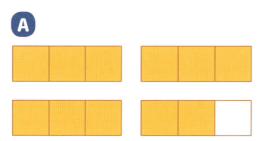

B

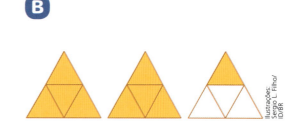

_____

_____

2. Para conseguir uma tonalidade de tinta, Osvaldo misturou 3 L de tinta amarela com $\frac{1}{2}$ L de tinta vermelha.

Represente, usando números na forma mista e na forma fracionária, a quantidade de tinta que Osvaldo usou. _____

3. Pinte as figuras para que elas representem as frações indicadas. Depois, escreva o número na forma mista correspondente.

a. $\dfrac{15}{4}$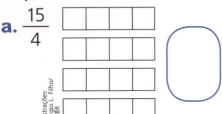

b. $\dfrac{11}{5}$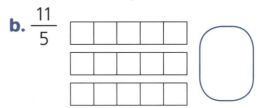

4. A professora pediu aos alunos que identificassem na reta numérica a fração $\dfrac{3}{2}$. Em seguida, ela pediu a Angélica e Lourenço que explicassem na lousa como eles haviam feito.

Agora é com você. Represente na reta numérica a fração indicada em cada item.

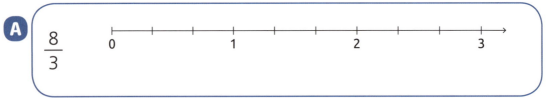

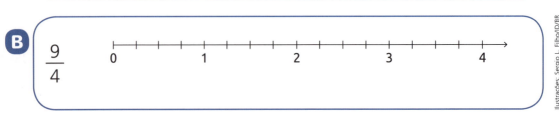

Frações equivalentes

Mauro desenhou figuras com largura e altura de mesma medida e as dividiu em partes iguais. Em seguida, pintou algumas dessas partes de azul, de acordo com as frações indicadas.

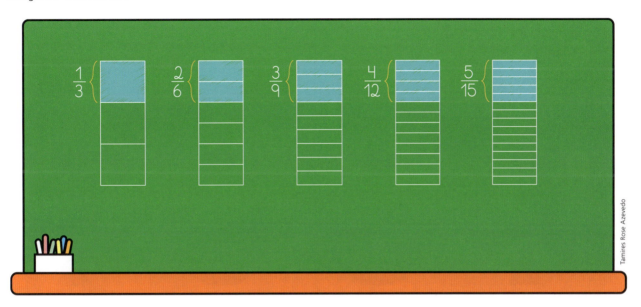

- O que você pode observar ao comparar as partes pintadas de azul em cada figura?

_____

Comparando as partes pintadas de azul em cada figura, vemos que as frações $\frac{1}{3}$, $\frac{2}{6}$, $\frac{3}{9}$, $\frac{4}{12}$ e $\frac{5}{15}$ representam a mesma parte do todo.

> Dizemos que as frações são **equivalentes** quando elas representam a mesma parte do todo.

Em todas as figuras que Mauro desenhou existe um certo "padrão", ou seja, em todas elas, a cada 3 partes, 1 está pintada de azul. Na figura que está dividida em 6 partes iguais, temos 2 partes pintadas de azul, pois 6 é o dobro de 3 e 2 é o dobro de 1.

Podemos chamar esse "padrão" de **razão**. No caso acima, dizemos que a razão de partes pintadas de azul em relação ao total é de 1 para 3, ou seja, 1 parte pintada de azul a cada 3 partes da figura.

Pratique e aprenda

1. As figuras dos quadros abaixo são congruentes e cada uma delas está dividida em partes iguais.

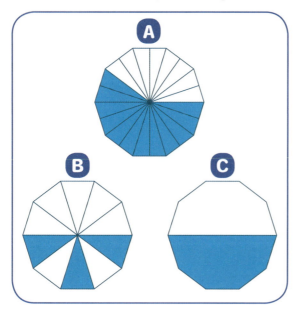
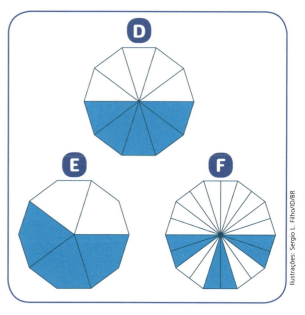

a. Associe as figuras cuja parte pintada de azul representa a mesma parte do todo, escrevendo as letras correspondentes. _____

b. Escreva as frações correspondentes a cada par de figuras que você associou. _____

- Os pares de frações que você escreveu são equivalentes? Por quê?

_____

Aprenda mais!

Ajude o chefe a entregar as encomendas de *pizza* que estão atrasadas, de maneira divertida e interessante, no jogo *Dividindo a pizza*, que pode ser acessado na página *Escola Games*, na seção de Matemática.

<http://www.escolagames.com.br>

Acesso em: 6 jan. 2018.

Página de abertura do *site* Escola *Games*.

2. Veja as frações que Cássia obteve usando a fração $\frac{4}{6}$.

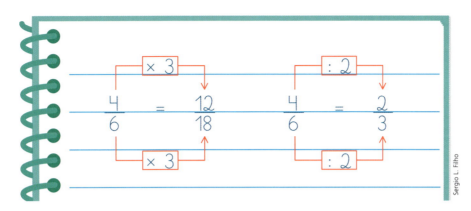

Agora, observe as figuras correspondentes às frações indicadas.

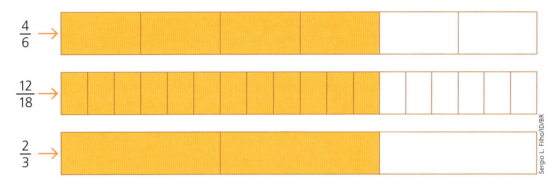

De acordo com os cálculos, as frações $\frac{4}{6}$, $\frac{12}{18}$ e $\frac{2}{3}$ são equivalentes?

Quando multiplicamos ou dividimos o numerador e o denominador de uma fração por um mesmo número natural diferente de zero, obtemos uma fração equivalente à primeira.

3. Complete as sentenças abaixo de maneira que as frações sejam equivalentes.

a. $\frac{2}{7} = \frac{}{14}$

c. $\frac{1}{4} = \frac{}{32}$

e. $\frac{20}{30} = \frac{4}{}$

b. $\frac{4}{5} = \frac{20}{}$

d. $\frac{6}{18} = \frac{1}{}$

f. $\frac{7}{20} = \frac{}{100}$

4. Efetue os cálculos indicados nas setas para encontrar frações equivalentes às frações dadas.

a.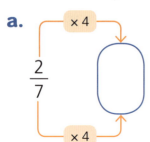

c.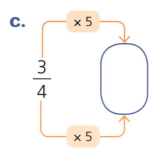

e.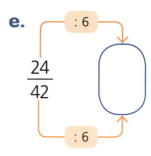

b.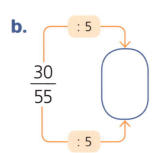

d.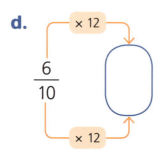

f.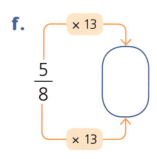

5. Veja como Ítalo fez para encontrar duas frações equivalentes à fração $\frac{2}{3}$.

$$\frac{2}{3} = \frac{4}{6} = \frac{6}{9}$$

Utilizando o mesmo procedimento de Ítalo, determine duas frações equivalentes às frações dadas em cada item.

a. $\frac{11}{10} = \underline{\quad} = \underline{\quad}$

c. $\frac{3}{5} = \underline{\quad} = \underline{\quad}$

b. $\frac{2}{7} = \underline{\quad} = \underline{\quad}$

d. $\frac{4}{8} = \underline{\quad} = \underline{\quad}$

6. Complete as frações abaixo utilizando os números que aparecem nas fichas, de modo que todas as frações sejam equivalentes.

3

4   8

1

$$\frac{}{2} = \frac{2}{} = \frac{}{6} = \frac{4}{}$$

Divirta-se e aprenda

Dominó das frações equivalentes

Vamos precisar de:

- peças do dominó que estão nas páginas **267** e **269**
- tesoura com pontas arredondadas
- cola
- cartolina

Procedimentos:

Junte-se a dois colegas e siga as instruções do professor para a elaboração dos materiais.

Embaralhem as peças e retirem sete peças para cada jogador. As peças restantes ficam em um monte no canto da carteira, com as frações voltadas para baixo.

O jogador que iniciar a partida coloca uma peça sobre a carteira. Para encaixar outra peça, o próximo jogador precisa apresentar uma peça que tenha uma fração equivalente a qualquer uma das frações presentes nos lados do dominó. Caso não possua, ele retira uma peça do monte. Se a peça tiver frações equivalentes, então ele encaixa na peça sobre a mesa. Caso contrário, ele passa a vez.

Vence o jogo aquele que primeiro encaixar todas as suas peças.

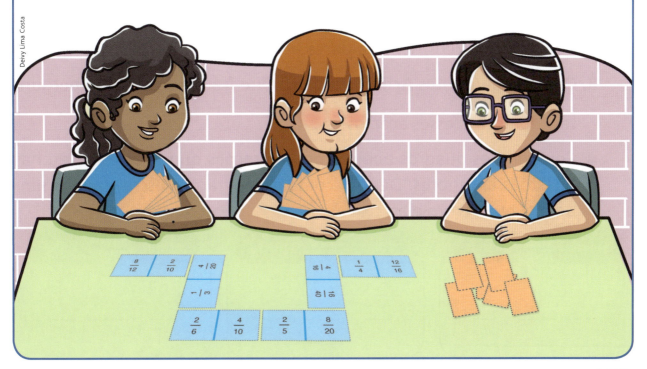

Deivy Lima Costa

Comparação de frações

Em um jogo de perguntas e respostas, cada participante precisa responder a 20 perguntas. Quem acertar ganha um ponto.

Para marcar a pontuação, Túlio, Valéria e Arthur assinalaram, em uma malha quadriculada, um quadradinho para cada resposta correta.

Observe a marcação de cada participante ao final de uma partida.

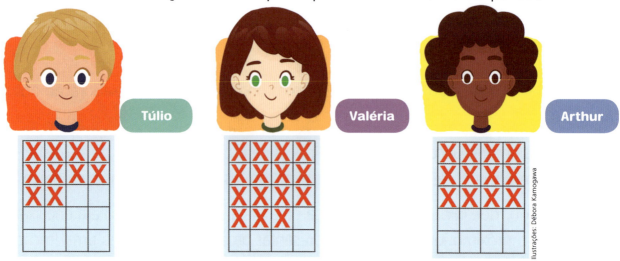

Ilustrações: Débora Kamogawa

1. Que participante assinalou a maior quantidade de quadradinhos? Que fração de sua malha representa a parte assinalada?

_____

2. Quem assinalou a menor quantidade de quadradinhos? Que fração

de sua malha representa a parte assinalada? _____

3. Quantas perguntas Arthur acertou? Que fração do total de pergun-

tas representa esses acertos? _____

4. Complete os quadros abaixo com as frações que você escreveu nas questões anteriores. Depois, compare as frações escrevendo o símbolo > ou < entre elas.

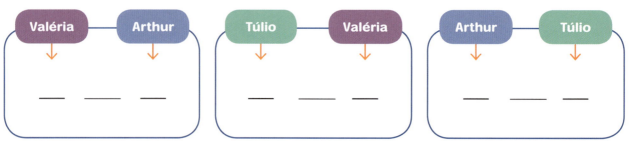

Pratique e aprenda

1. Complete as sentenças abaixo com a fração correspondente à parte pintada de vermelho em cada figura. Depois, compare as frações escrevendo o símbolo > ou < entre elas.

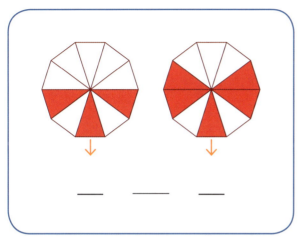

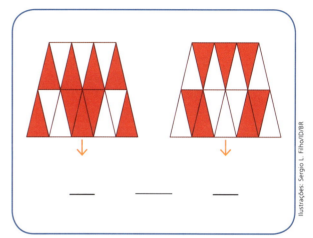

____ ____ ____   ____ ____ ____

2. Veja como podemos comparar as frações $\dfrac{6}{8}$ e $\dfrac{5}{6}$.

Inicialmente, obtemos frações equivalentes a cada uma delas, mas que tenham denominadores iguais.

$$\frac{6}{8} = \frac{12}{16} = \frac{18}{24} \qquad \frac{5}{6} = \frac{10}{12} = \frac{15}{18} = \frac{20}{24}$$

× 2, × 3 (6/8); × 2, × 3, × 4 (5/6)

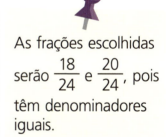

As frações escolhidas serão $\dfrac{18}{24}$ e $\dfrac{20}{24}$, pois têm denominadores iguais.

Como $\dfrac{18}{24} < \dfrac{20}{24}$, concluímos que $\dfrac{6}{8} < \dfrac{5}{6}$.

De maneira semelhante, obtenha no caderno as frações equivalentes para os itens a seguir. Depois, complete os itens com os símbolos >, < ou =.

a. $\dfrac{6}{9}$ ____ $\dfrac{2}{3}$

c. $\dfrac{7}{9}$ ____ $\dfrac{4}{6}$

e. $\dfrac{4}{8}$ ____ $\dfrac{3}{6}$

b. $\dfrac{4}{5}$ ____ $\dfrac{3}{4}$

d. $\dfrac{4}{10}$ ____ $\dfrac{6}{15}$

f. $\dfrac{13}{22}$ ____ $\dfrac{7}{11}$

3. Murilo e Luciano estão preenchendo álbuns em que cabe a mesma quantidade de figurinhas. Murilo já completou $\frac{2}{3}$ de seu álbum e Luciano já completou $\frac{5}{7}$.

a. Qual dos meninos completou a maior parte do álbum?

b. Sabendo que no álbum cabem 63 figurinhas, quantas figurinhas cada um deles colou no álbum?

4. Localize na reta numérica as frações indicadas nas fichas.

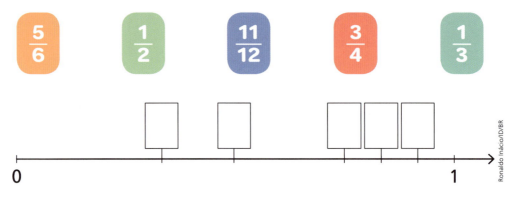

$\frac{5}{6}$ $\frac{1}{2}$ $\frac{11}{12}$ $\frac{3}{4}$ $\frac{1}{3}$

Ronaldo Inácio/ID/BR

- Agora, escreva as frações em ordem crescente ou decrescente, utilizando os símbolos < ou >.

Adição e subtração de frações com denominadores iguais

Antes de sair para uma viagem, Andreia abasteceu o carro com uma quantidade de combustível correspondente a $\frac{2}{8}$ da capacidade do tanque. Ao abastecer, já havia no carro uma quantidade de combustível correspondente a $\frac{5}{8}$ da capacidade do tanque.

💬 **1.** Que operação matemática podemos usar para determinar a fração do tanque utilizada com combustível após o abastecimento?

Para resolver esta questão, podemos adicionar as frações $\frac{5}{8}$ e $\frac{2}{8}$.

Veja a representação desse cálculo.

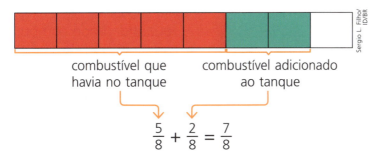

combustível que havia no tanque   combustível adicionado ao tanque

$$\frac{5}{8} + \frac{2}{8} = \frac{7}{8}$$

Portanto, a quantidade de combustível que o carro passou a ter corresponde a $\frac{7}{8}$ da capacidade total do tanque.

> Nas adições de frações com denominadores iguais, adicionamos os numeradores e mantemos o mesmo denominador.

Motorista dirigindo seu veículo.

2. Durante a viagem, Andreia não abasteceu mais o carro. Sabendo que sobrou no tanque $\frac{1}{8}$ da sua capacidade de combustível, que operação matemática podemos usar para determinar a fração de combustível do tanque necessária para fazer a viagem?

Para responder a esta questão, podemos efetuar uma subtração. Veja como podemos representar esse cálculo.

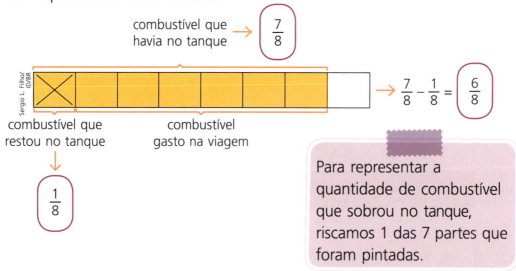

combustível que havia no tanque → $\frac{7}{8}$

$\frac{7}{8} - \frac{1}{8} = \frac{6}{8}$

combustível que restou no tanque

combustível gasto na viagem

$\frac{1}{8}$

Para representar a quantidade de combustível que sobrou no tanque, riscamos 1 das 7 partes que foram pintadas.

Assim, foram gastos $\frac{6}{8}$ de combustível do tanque na viagem.

Nas subtrações de frações com denominadores iguais, subtraímos os numeradores e mantemos o mesmo denominador.

Pratique e aprenda

1. Que fração da figura ao lado está pintada de:

a. verde?

b. azul?

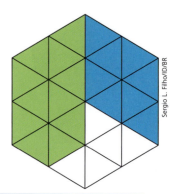

• Que fração da figura representa as partes pintadas de azul e de verde juntas?

2. Determine o resultado dos cálculos.

a. $\dfrac{1}{2} + \dfrac{1}{2} = \bigcirc$

c. $\dfrac{7}{13} + \dfrac{5}{13} = \bigcirc$

e. $\dfrac{24}{60} + \dfrac{19}{60} = \bigcirc$

b. $\dfrac{5}{9} - \dfrac{1}{9} = \bigcirc$

d. $\dfrac{21}{25} - \dfrac{13}{25} = \bigcirc$

f. $\dfrac{136}{152} - \dfrac{95}{152} = \bigcirc$

3. Ao organizar seu escritório, Silmara percebeu que havia perdido algumas canetas. Ela tinha, inicialmente, 10 canetas vermelhas e 10 azuis.

Heloísa Pintarelli/Tamires Rose Azevedo

a. Que fração do total de canetas representa a quantidade de:

- canetas vermelhas que foram perdidas? $\bigcirc$

- canetas azuis que foram perdidas? $\bigcirc$

b. Que fração representa o total de canetas perdidas?

4. Em um cinema, foram colocados à venda 450 ingressos. A bilheteria vendeu $\dfrac{5}{9}$ dos ingressos a preço normal e $\dfrac{2}{9}$ dos ingressos a preço promocional.

Waldomiro Neto

a. Que fração representa a quantidade total de ingressos vendidos?

b. Que fração representa a diferença entre a quantidade de ingressos vendidos a preço normal e a quantidade de ingressos vendidos a preço promocional?

Adição e subtração de frações com denominadores diferentes

Sandro está competindo em uma prova de atletismo de 1 500 m. Observe no esquema a fração do percurso que ele já completou em dois momentos diferentes.

Imagens sem proporção entre si.

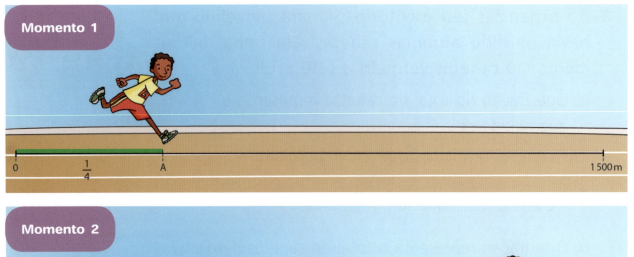

Momento 1

0 — $\frac{1}{4}$ — A — 1 500 m

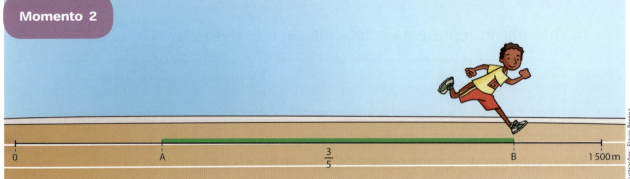

Momento 2

0 — A — $\frac{3}{5}$ — B — 1 500 m

Ilustrações: Flavio Pereira

1. **Como você faria para calcular a fração do percurso que representa a distância percorrida por Sandro ao atingir o ponto B?**

Para responder a esta questão, precisamos calcular $\frac{1}{4} + \frac{3}{5}$.

Observe que os denominadores dessas frações são diferentes. Então, para efetuar o cálculo, devemos obter frações equivalentes a cada uma das frações, de maneira que elas tenham denominadores iguais.

Frações equivalentes a $\frac{1}{4}$:

$$\frac{1}{4} = \frac{2}{8} = \frac{3}{12} = \frac{4}{16} = \frac{5}{20} = \frac{6}{24} = \ldots$$

Frações equivalentes a $\frac{3}{5}$:

$$\frac{3}{5} = \frac{6}{10} = \frac{9}{15} = \frac{12}{20} = \frac{15}{25} = \ldots$$

Em seguida, substituímos cada fração pela fração equivalente de denominador igual e efetuamos o cálculo. Observe e complete o que falta.

$$\frac{1}{4} + \frac{3}{5} = \frac{5}{20} + \frac{12}{20} = \bigcirc$$

Portanto, a fração $\bigcirc$ representa a distância percorrida por Sandro.

2. Como você faria para determinar que fração do percurso ainda falta para Sandro terminar a prova?

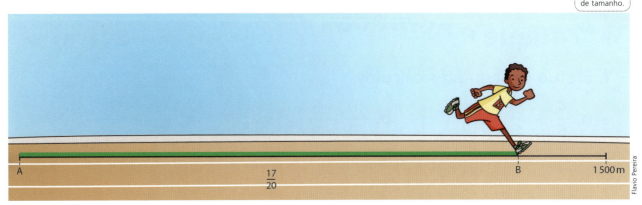

Imagem sem proporção de tamanho.

A $\frac{17}{20}$ B 1 500 m

Flavio Pereira

Para responder a essa questão, precisamos calcular $1 - \frac{17}{20}$, em que o número 1 representa o percurso todo e o número $\frac{17}{20}$ representa a fração do percurso que Sandro já percorreu. Observe e complete o cálculo.

Trocamos 1 por $\frac{20}{20}$, pois 1 representa 20 partes de 20.

$$1 = \frac{2}{2} = \frac{3}{3} = \cdots = \frac{20}{20} = \cdots$$

$$1 - \frac{17}{20} = \frac{20}{20} - \frac{17}{20} = \bigcirc$$

Portanto, faltam ser percorridos $\bigcirc$ do percurso.

Para determinar o resultado de adições ou subtrações de frações cujos denominadores são diferentes, obtemos frações que sejam equivalentes a cada uma delas e que possuam denominadores iguais. Em seguida, basta efetuar os cálculos com as frações equivalentes obtidas.

Adição

$$\frac{5}{9} + \frac{2}{6} = \frac{10}{18} + \frac{6}{18} = \frac{16}{18}$$

Subtração

$$\frac{7}{12} - \frac{1}{8} = \frac{14}{24} - \frac{3}{24} = \frac{11}{24}$$

Pratique e aprenda

1. Efetue os seguintes cálculos.

a. $\dfrac{4}{6} + \dfrac{1}{4}$

b. $\dfrac{19}{24} - \dfrac{5}{8}$

c. $\dfrac{7}{10} - \dfrac{7}{15}$

2. Taís gastou $\dfrac{2}{3}$ de seu salário com as despesas de sua casa, $\dfrac{1}{4}$ com as suas despesas pessoais e o restante depositou em uma poupança.

a. Que fração do salário representa:

- as despesas da casa de Taís e as despesas pessoais juntas?

- a quantia que ela depositou na poupança?

b. Sabendo que Taís recebeu de salário R$ 1 584,00, calcule no caderno a quantia, em reais, correspondente a cada tipo de despesa e ao depósito na poupança.

Ponto de chegada

Nesta unidade, estudamos as frações como parte de um inteiro ou de uma quantidade, comparamos frações e realizamos operações com elas. Para relembrar o que você estudou, complete os itens.

a. Usamos a fração para representar parte de um ou mais inteiros.

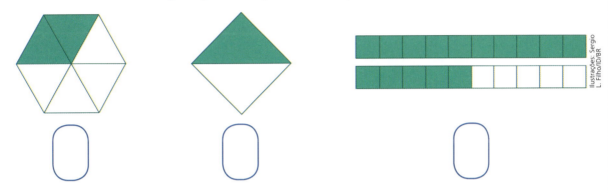

b. Podemos determinar fração de uma quantidade.

$\dfrac{5}{6}$ de 30 = _____

$\dfrac{4}{7}$ de 28 = _____

$\dfrac{2}{5}$ de 25 = _____

c. Estudamos que frações representadas de maneiras diferentes podem indicar a mesma parte do todo se forem equivalentes.

$\dfrac{}{8} = \dfrac{8}{64}$

$\dfrac{4}{5} = \dfrac{}{20}$

$\dfrac{1}{3} = \dfrac{3}{}$

d. Estudamos adição e subtração de frações.

> ### Adição e subtração de frações com denominadores iguais
>
> $\dfrac{1}{2} + \dfrac{1}{2} = \bigcirc$
>
> $\dfrac{7}{8} - \dfrac{5}{8} = \bigcirc$

> ### Adição e subtração de frações com denominadores diferentes
>
> $\dfrac{1}{3} + \dfrac{4}{5} = \dfrac{5}{} + \dfrac{12}{} = \bigcirc$
>
> $\dfrac{2}{5} - \dfrac{1}{4} = \dfrac{}{20} - \dfrac{}{20} = \bigcirc$

8 Localização e deslocamento

Oleg_D/iStock/Getty Images

Embarcação durante viagem turística, próximo à Espanha, em 2017.

Ponto de partida

1. Em sua opinião, como o comandante desta embarcação faz para se localizar e saber para onde deve navegar, quando está em alto-mar?

2. Ao observar um mapa-múndi, vemos linhas horizontais e verticais. Em sua opinião, qual a utilidade dessas linhas?

Coordenadas

Utilizando o mapa do bairro de Luís, podemos identificar e representar a localização de algumas construções sem usar seus endereços.

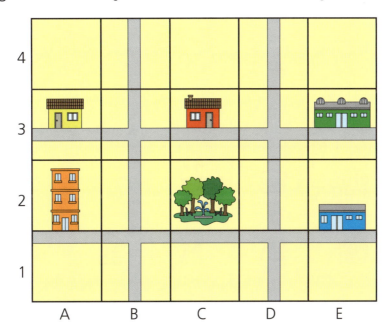

Para representar a localização do prédio alaranjado podemos utilizar **coordenadas**. Esse tipo de representação segue um padrão no qual indicamos primeiro a coluna e depois a linha. Assim, esta construção está posicionada na **coluna A** e na **linha 2**.

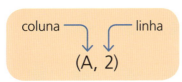

coordenadas: referências que permitem a localização de um ponto em uma linha, superfície ou espaço

- Agora, utilize coordenadas para indicar a posição das demais construções que aparecem no mapa.

_____

_____

_____

_____

_____

Ilustrações: Ronaldo Inácio

Pratique e aprenda

1. O jogo de xadrez é formado por 16 peças claras e 16 peças escuras, que são dispostas em um tabuleiro.

Veja as diferentes peças que fazem parte deste jogo e a localização de algumas delas em determinado momento de uma partida.

	Rei	Dama	Torre	Cavalo	Bispo	Peão
Peças claras	♔	♕	♖	♘	♗	♙
Peças escuras	♚	♛	♜	♞	♝	♟

Ilustrações: Tamires Rose Azevedo

a. Em que posição está o cavalo escuro neste momento da partida?

_____

b. Qual peça está na posição (G, 1)? _____

c. Em qual coluna há mais peças? _____

d. Em qual linha não há peça posicionada? _____

2. Cristina usou uma planilha eletrônica para controlar o estoque de alguns materiais escolares em sua papelaria.

	A	B	C
1	Código	Produto	Quantidade
2	1023	Lápis	23
3	1024	Caderno	10
4	1025	Borracha	25
5	1026	Caneta	15
6	1027	Estojo	10
7	1028	Mochila	5
8	1029	Pasta	10
9	1030	Apontador	21
10	1031	Lapiseira	24
11	1032	Grafite	17
12			

Ronaldo Inácio

a. O que está registrado na célula (A, 7)? _____

b. Em qual célula está escrita a palavra estojo? _____

c. O que está escrito na célula (C, 11)? _____

3. Juliana empilhou alguns blocos coloridos sobre uma malha quadriculada na qual as colunas e as linhas estão nomeadas.

a. Escreva a posição ocupada pela pilha de blocos:

- amarelos. _____

- azuis. _____

- vermelhos. _____

b. Qual é a cor dos blocos que ocupam a posição (B, 5)?

_____

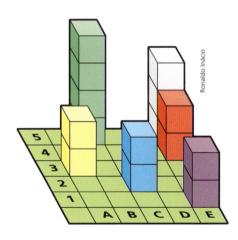

Ronaldo Inácio

c. Escreva duas posições dessa malha quadriculada nas quais não haja blocos posicionados.

_____

4. A imagem a seguir representa a praça que fica próximo à casa de Pedro.

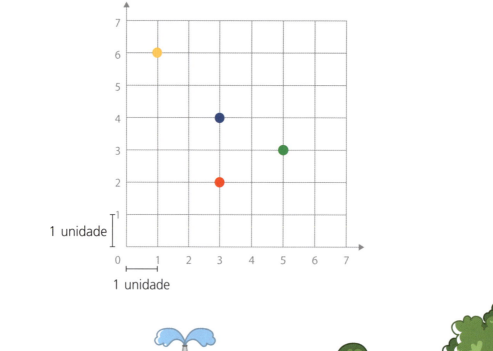

banco   fonte   arbusto   árvore

Nesta representação, as colunas (retas na vertical) e as linhas (retas na horizontal) estão numeradas. Para indicar a posição do arbusto, escrevemos as seguintes coordenadas:

indica deslocamento ——————┐   ┌—————— indica deslocamento
horizontal a partir do zero   │   │   vertical a partir do zero
                                  (3, 2)

Essa representação é chamada **par ordenado**.

a. O que está posicionado no par ordenado:

• (5, 3)? _____   • (3, 4)? _____

b. Pedro saiu da posição (4, 3), se deslocou três unidades até a posição (1, 3), virou 90° para a direita e se deslocou três unidades para frente. De acordo com a imagem, o que ele encontrou quando chegou a esse local?

_____

• Que par ordenado representa a posição desse local? _____

5. Henrique traçou uma malha quadriculada sobre um mapa e marcou alguns pontos.

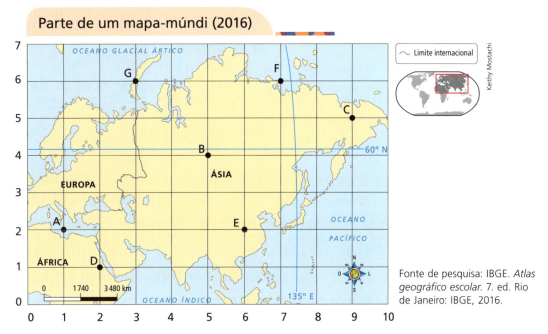

Parte de um mapa-múndi (2016)

Fonte de pesquisa: IBGE. *Atlas geográfico escolar.* 7. ed. Rio de Janeiro: IBGE, 2016.

Com base nas marcações de Henrique, responda aos itens abaixo.

a. Que par ordenado representa a posição do ponto **E**? _____

b. Que ponto se encontra nas coordenadas:

• (3, 6)? _____   • (9, 5)? _____

c. Que pares ordenados representam, respectivamente, a posição dos pontos **A** e **D**? _____

6. Samira desenhou quatro pontos em uma malha quadriculada e traçou todos os possíveis segmentos ligando dois destes pontos. Ao final do desenho, ela observou que os pontos **A**, **B** e **C** são os vértices de um triângulo.

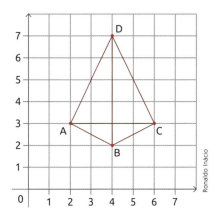

a. Quais são as coordenadas dos pontos desenhados na malha?

_____

b. Quantos triângulos, ao todo, é possível formar considerando três desses pontos como vértices? _____

Zoom, de Istvan Banyai, é um livro sem palavras que pode ser "lido" tanto de frente para trás, quanto de trás para frente. A cada página, sua percepção sobre o que está vendo muda, nada é o que parece e a curiosidade de ver a continuação torna-se irresistível. Embarque nessa aventura literária e divirta-se!

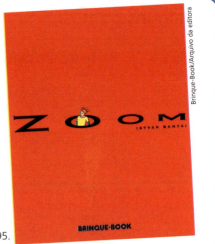

Zoom, de Istvan Banyai. São Paulo: Brinque-Book, 1995.

7. Márcio aproveitou as férias e conheceu a usina hidrelétrica Itaipu Binacional. Nessa visita, ele aprendeu como a energia elétrica gerada na usina chega até as casas das pessoas.

Observe o esquema que representa como isso é feito.

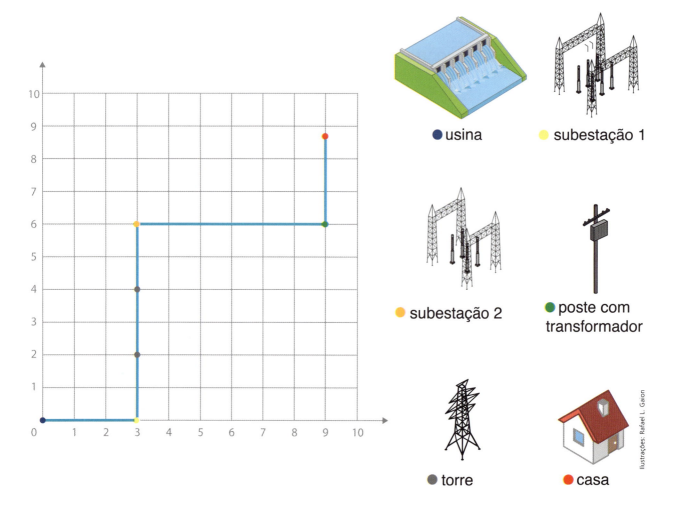

● usina   ● subestação 1

● subestação 2   ● poste com transformador

● torre   ● casa

De acordo com esse esquema, resolva o que se pede nos itens.

a. O que está localizado no par ordenado:

- (9, 6)? _____

- (3, 4)? _____

b. Contorne a ficha com o par ordenado que indica a posição da subestação 2.

| (6, 3) | (3, 0) | (3, 6) | (0, 3) |

c. A localização da usina hidrelétrica é representada por qual par ordenado?

_____

Metade do Brasil, metade do Paraguai

A usina hidrelétrica Itaipu Binacional é a maior produtora de energia elétrica limpa e renovável do Brasil e uma das maiores do mundo, batendo o recorde mundial de geração de energia limpa e renovável em 2016.

A usina leva o nome Binacional porque pertence a dois países vizinhos: Brasil e Paraguai. Já o nome Itaipu vem do tupi-guarani e significa "pedra que canta".

Vertedouro da barragem da usina hidrelétrica Itaipu Binacional, na fronteira entre Brasil e Paraguai, no ano 2017.

diegograndi/iStock/Getty Images

8. Observe como o carteiro Romário representou, em um esquema, parte do seu trajeto na entrega de uma encomenda.

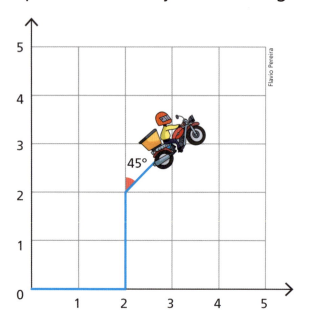

Romário partiu do par ordenado (0, 0) e seguiu em frente por duas unidades, até (2, 0). Em seguida, ele virou 90° para a esquerda e foi em frente por duas unidades. Por último, fez um giro de 45° para a direita e seguiu em frente para realizar a entrega em (3, 3).

Com base nas informações abaixo, desenhe o trajeto que Romário vai seguir para entregar outra encomenda, começando na origem de coordenadas (0, 0).

- Saia da origem e siga em frente por duas unidades, até chegar a (2, 0).
- Faça um giro de 90° para a esquerda e siga em frente mais três unidades.
- Vire 45° para a direita e siga em frente até o ponto de coordenadas (3, 4).
- Faça um giro de 45° para a direita e siga em frente duas unidades.
- Por fim, vire 90° para a esquerda e siga uma unidade em frente para chegar ao local da entrega.

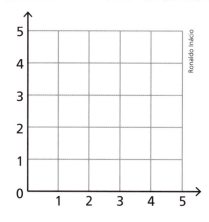

Quais são as coordenadas do local da entrega? _____

Ponto de chegada

Nesta unidade, vimos que é possível representar uma localização e identificar posições por meio de coordenadas.

a. Estudamos que as **coordenadas** são usadas para representar, por exemplo, a posição de um objeto ou pessoa.

- Identifique a posição de cada peça retirada do quebra-cabeça abaixo.

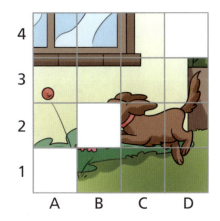

_____   _____   _____

- Paulo e seus amigos estavam brincando de esconde-esconde dentro de casa.

Marque com um **X** os pares ordenados que indicam as posições onde as crianças estão escondidas.

◯ (2, 4) e (5, 1)

◯ (1, 1) e (5, 1)

◯ (4, 4) e (5, 1)

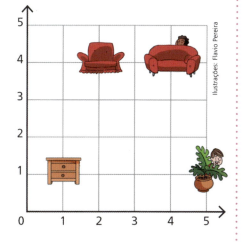

Ilustrações: Flávio Pereira

b. Vimos que podemos usar as coordenadas para orientar o deslocamento em um trajeto. De acordo com o trajeto do esquema ao lado, em que coordenadas o carro virou 90° para a esquerda, considerando que ele partiu de (0,0)? _____

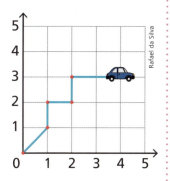

Rafael da Silva

9 Números decimais

Atleta brasileiro Thiago Braz executando um salto com vara na Olimpíada Rio 2016, no Rio de Janeiro.

Ponto de partida

1. Que tipo de número é usado para representar a altura, em metros, de um salto com vara?

2. Como você faria para representar, em metros, o recorde de 603 cm de altura no salto com vara do atleta brasileiro Thiago Braz?

Os números decimais

No dia a dia, nos deparamos com diversas representações de números. Em algumas delas, os números aparecem com vírgula. Nesta unidade, vamos ampliar o estudo sobre os números e conhecer um pouco mais sobre esse tipo de representação.

Estudando os décimos, os centésimos e os milésimos

Durante o caminho de casa para a escola, Laura observou vários números em propagandas, anúncios de lojas e placas de trânsito. Veja alguns desses números.

1. O que há em comum entre os números que aparecem na cena?

_____

2. Escreva outras situações em que você pode observar a presença de números desse tipo.

_____

_____

1. Escreva uma fração para representar a quantidade de partes pintadas de azul em cada figura.

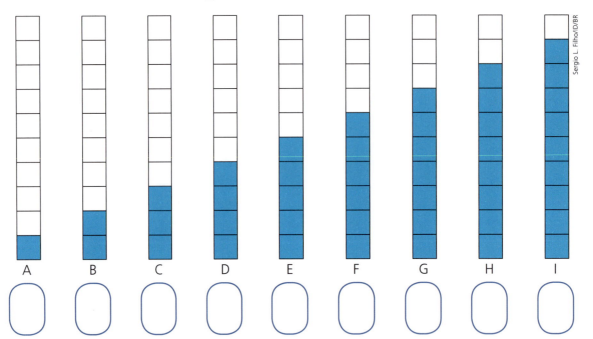

Para representar a parte pintada de azul em cada figura foi usada uma **fração decimal**. Chamamos de fração decimal toda fração que possui denominador igual a 10, 100, 1 000, ...

É possível representar uma fração decimal por meio de um número decimal. O número decimal que representa $\frac{1}{10}$ é **0,1** (um décimo).

a. Represente as frações que você escreveu com números decimais.

_____

b. Qual figura está pintada de azul pela metade? _____

c. Que figuras têm a parte pintada de azul menor do que a metade?

_____

2. Escreva os números decimais representados abaixo usando algarismos.

a. Três décimos: _____

d. Oito décimos: _____

b. Sete décimos: _____

e. Quatro décimos: _____

c. Cinco décimos: _____

f. Nove décimos: _____

3. Para representar um número decimal, cada figura abaixo foi dividida em 10 partes iguais e algumas dessas partes foram pintadas de amarelo.

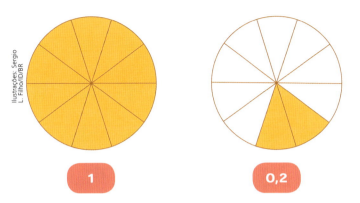

$1 + 0,2 = 1,2$

Lê-se: **um inteiro e dois décimos**.

Escreva o número decimal que representa a parte pintada de verde nas figuras abaixo. Depois, escreva como se leem esses números.

A

_____

_____

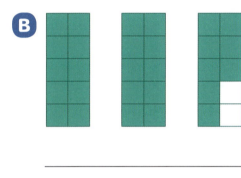

B

_____

_____

4. A reta numérica a seguir está dividida em partes iguais. Escreva os números decimais para completar os espaços em branco dessa reta e, em seguida, responda aos itens, considerando apenas os números que você completou.

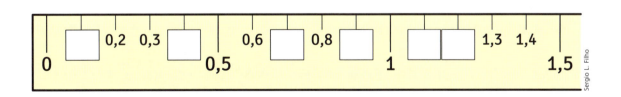

a. Que números estão entre 0,3 e 0,8? _____

b. Quais são os números maiores do que 0,8? _____

c. Escreva os números que são maiores do que um inteiro.

_____

5. Cada centímetro está dividido em 10 partes iguais e cada uma dessas partes equivale a 1 mm.

$$1 \text{ mm} = \frac{1}{10} \text{ cm} = 0,1 \text{ cm}$$

Usando essas informações, veja como transformar em centímetros uma medida de comprimento que está em centímetros e milímetros.

3 cm 4 mm = 3 cm + 0,4 cm = 3,4 cm

Agora é com você. Meça os segmentos abaixo com uma régua e escreva a medida de cada um deles em centímetros.

C   D

E   F

Ilustrações: Sergio L. Filho/ ID/BR

_____   _____

6. Carmem desenhou a figura ao lado e a dividiu em partes iguais. Em seguida, pintou-a com três cores diferentes.

a. Que fração da figura representa a parte que ela pintou de:

• azul?   • vermelho?   • amarelo?

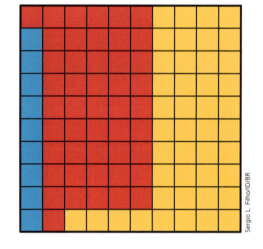

Sergio L. Filho/ID/BR

Veja como podemos representar a parte pintada de azul nessa figura usando número decimal.

fração decimal $\longrightarrow \left\{ \dfrac{9}{100} = 0,09 \right\} \longleftarrow$ número decimal

Lê-se: **nove centésimos**.

b. Escreva, com algarismos e por extenso, o número decimal que representa a parte da figura pintada de:

• vermelho: _____

• amarelo: _____

7. Considere o cubo como um inteiro e observe o esquema a seguir.

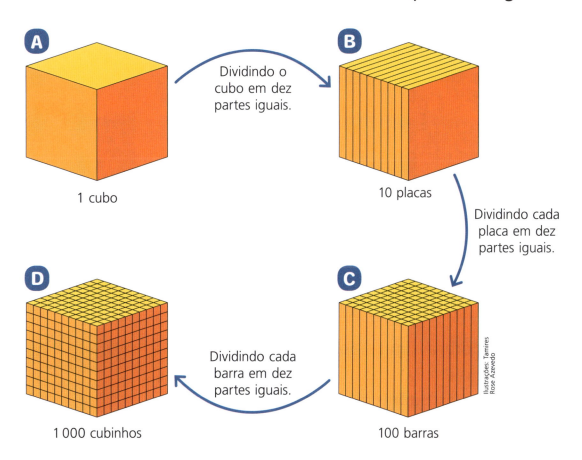

A — 1 cubo

Dividindo o cubo em dez partes iguais.

B — 10 placas

Dividindo cada placa em dez partes iguais.

C — 100 barras

Dividindo cada barra em dez partes iguais.

D — 1 000 cubinhos

a. Escreva em quantas partes iguais o cubo está dividido nas figuras **B**, **C** e **D**.

_____

b. Cada placa representa que fração da figura **B**? Escreva um número decimal equivalente a essa fração. _____

c. Cada barra representa que fração da figura **C**? Escreva um número decimal equivalente a essa fração. _____

A figura **D** mostra um cubo dividido em 1 000 partes iguais. Cada uma dessas partes representa **um milésimo** da figura, que podemos representar da seguinte maneira:

$$\text{fração decimal} \rightarrow \left[\frac{1}{1\,000} = \underbrace{0{,}001}_{\substack{\uparrow \\ \text{número} \\ \text{decimal}}} \right. \qquad \text{Lê-se: um milésimo.}$$

8. Sabendo que o cubinho equivale a um milésimo da figura, escreva a fração decimal, o número decimal e a escrita por extenso que representa a parte pintada de azul em cada figura.

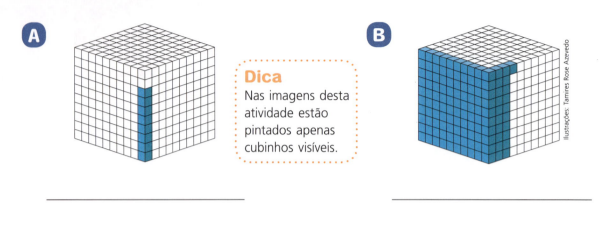

A

> **Dica**
> Nas imagens desta atividade estão pintados apenas cubinhos visíveis.

B

_____

_____

_____

_____

9. Considere a figura ao lado como 1 inteiro dividido em 1 000 partes iguais. Em seguida, observe as figuras abaixo e complete.

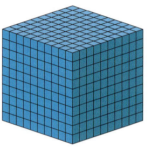

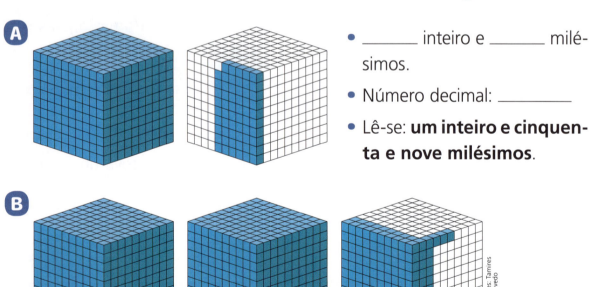

A

- _____ inteiro e _____ milésimos.
- Número decimal: _____
- Lê-se: **um inteiro e cinquenta e nove milésimos**.

B

- _____ inteiros e _____ milésimos.
- Número decimal: 2,213
- Lê-se: dois inteiros e _____ milésimos.

Números decimais e o sistema de numeração decimal

A tabela a seguir mostra a pontuação obtida pelo ginasta brasileiro Diego Hypólito na conquista de medalhas de ouro em algumas competições mundiais de ginástica artística na categoria solo.

Pontuação de Diego Hypólito na conquista de medalhas de ouro em algumas competições mundiais de ginástica artística na categoria solo			
Ano	Competição	Local	Pontuação
2016	Copa do Mundo	Alemanha	15,466
2016	Copa do Mundo	Catar	15,175
2007	Campeonato Mundial	Alemanha	16,150

Fonte de pesquisa: Federação Internacional de Ginástica. Disponível em: <http://fig-gymnastics.com/>. Acesso em: 9 jan. 2018.

Podemos representar no quadro de ordens os pontos que Diego obteve na conquista da medalha de ouro em 2016, na Alemanha.

Diego Hypólito durante apresentação no solo, na final da Copa do Mundo de Ginástica Artística em São Paulo, em 2016. Nessa competição, Diego conquistou medalha de prata.

Parte inteira				Parte decimal		
C centenas	D dezenas	U unidades	,	d décimos	c centésimos	m milésimos
	1	5	,	4	6	6

Pratique e aprenda

1. Agora é com você. Complete o quadro de ordens com as pontuações que ele obteve na conquista das outras medalhas de ouro.

Parte inteira				Parte decimal		
C centenas	D dezenas	U unidades	,	d décimos	c centésimos	m milésimos

2. No número 15,466, o valor posicional do algarismo 5 é 5 unidades e do algarismo 4 é 4 décimos de unidade ou simplesmente 4 décimos ou 0,4. Nesse mesmo número, qual é:

a. o valor posicional do algarismo 1? _____

b. o algarismo que ocupa a ordem dos centésimos? _____

c. o algarismo que ocupa a ordem dos milésimos? _____

  • Qual é o valor posicional desse algarismo? _____

3. Regina decompôs o número 2,759 da seguinte maneira:

$$2,759 = 2 + 0,7 + 0,05 + 0,009$$

Usando o mesmo procedimento de Regina, decomponha os números a seguir.

a. 1,186 = _____

b. 3,434 = _____

c. 12,058 = _____

4. Veja como podemos comparar dois números decimais.

Primeiro comparamos os números da **parte inteira**.

5,327 > 2,895, pois 5 > 2

Se os números da parte inteira e os décimos forem iguais, comparamos os **centésimos**.

9,276 > 9,251, pois 0,07 > 0,05

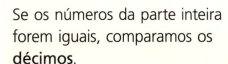

Se os números da parte inteira forem iguais, comparamos os **décimos**.

7,629 < 7,834, pois 0,6 < 0,8

Se os números da parte inteira, os décimos e os centésimos forem iguais, comparamos os **milésimos**.

3,745 < 3,748, pois 0,005 < 0,008

Agora, complete cada item a seguir com o símbolo < ou >.

a. 0,51 _____ 0,50   **c.** 6,02 _____ 6,2   **e.** 8,23 _____ 8,023

b. 2,5 _____ 2,9   **d.** 7,09 _____ 7,009   **f.** 0,001 _____ 0,10

5. Nas figuras **A**, **B** e **C** está representado o mesmo cubo, que, em cada figura, foi dividido em partes iguais. Para cada figura, escreva o número decimal que representa a parte pintada de azul.

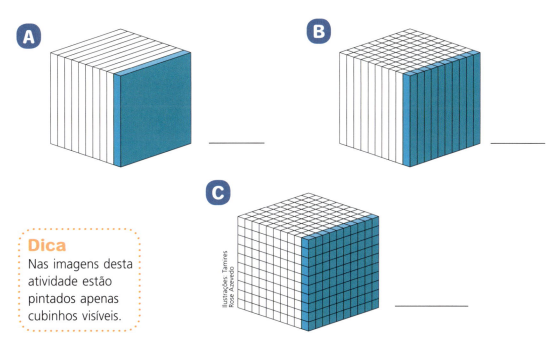

> **Dica**
> Nas imagens desta atividade estão pintados apenas cubinhos visíveis.

Em cada figura, a parte pintada de azul equivale à mesma parte do cubo. Dessa maneira, podemos dizer que esses números decimais são iguais, ou seja, representam a mesma parte do todo.

> _____ = _____ = _____

Agora, complete cada item a seguir com o símbolo <, > ou =.

a. 2,4 _____ 2,40

b. 3,8 _____ 3,008

c. 4,30 _____ 4,09

d. 18,05 _____ 18,050

6. Localize os números das fichas na reta numérica, completando os espaços em branco.

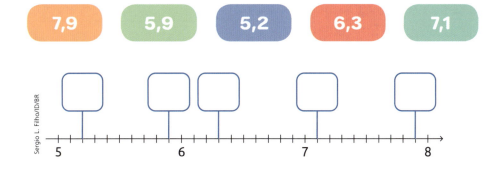

Adição e subtração envolvendo números decimais

Antônia foi ao açougue e comprou os dois pacotes de carne representados abaixo.

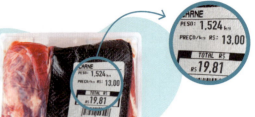

1. Antônia comprou quantos quilogramas de carne ao todo? _____

Veja como podemos resolver esse problema efetuando o cálculo 1,207 + 1,524 no quadro de ordens.

 1º Inicialmente, adicionamos os milésimos.

U		d	c	m
1	,	2	0	7
+ 1	,	5	2	4
				11

7 m + 4 m = 11 m

Escrevemos as parcelas de maneira que uma vírgula fique embaixo da outra. Em seguida, adicionamos os milésimos, os centésimos, os décimos e, por último, as unidades.

 2º Trocamos 10 milésimos por 1 centésimo e adicionamos os centésimos. Em seguida, adicionamos os décimos e por último as unidades.

U		d	c	m
1	,	2	^{1}0	7
+ 1	,	5	2	4
2	,	7	3	1

1 c + 0 c + 2 c = 3 c

2 d + 5 d = 7 d

1 U + 1 U = 2 U

ou

$$1, 2\,^{1}0\ 7$$
$$+ 1, 5\ 2\ 4$$
$$\overline{2, 7\ 3\ 1}$$

} parcelas

← soma ou total

Assim, Antônia comprou, ao todo, _____ kg de carne.

Agora, determine quantos reais Antônia pagou pelos dois pacotes de carne.

2. Qual é a diferença, em quilogramas, entre a massa dos dois pacotes de carne que Antônia comprou? _____

Para responder a esta questão, precisamos calcular $1,524 - 1,207$.

Veja como podemos efetuar esse cálculo no quadro de ordens.

1º Não é possível subtrair 7 milésimos de 4 milésimos. Então, trocamos 1 centésimo por 10 milésimos, ficando com 1 centésimo e 14 milésimos. Em seguida, subtraímos os milésimos.

U		d	c	m
1	,	5	$^1\!\!\!2$	^{1}4
− 1	,	2	0	7
				7

$14\ m - 7\ m = 7\ m$

2º Subtraímos os centésimos, depois os décimos e, por último, subtraímos as unidades.

U		d	c	m
1	,	5	$^1\!\!\!2$	^{1}4
− 1	,	2	0	7
0	,	3	1	7

$1\ c - 0\ c = 1\ c$
$5\ d - 2\ d = 3\ d$
$1\ U - 1\ U = 0\ U$

ou

$$1,5\,^1\!\!\!2\,^14 \leftarrow \text{minuendo}$$
$$-\ 1,2\ 0\ 7 \leftarrow \text{subtraendo}$$
$$\overline{\ \ 0,3\ 1\ 7} \leftarrow \text{diferença ou resto}$$

Assim como na adição, escrevemos o minuendo e o subtraendo de maneira que uma vírgula fique embaixo da outra antes de efetuar a subtração.

Portanto, a diferença entre a massa dos dois pacotes de carne que Antônia comprou é _____ kg.

Pratique e aprenda

1. Efetue os cálculos a seguir.

a. 8,92 + 2,11

d. 52,61 − 27,28

b. 5,32 − 3,15

e. 11,156 + 7,545

c. 18,24 + 11,35

f. 4,724 − 1,406

2. Mauro está seguindo uma dieta para emagrecer. Veja, na imagem ao lado, a massa de Mauro registrada na balança depois de ele ter emagrecido 4,8 kg. Qual era a massa de Mauro antes da dieta?

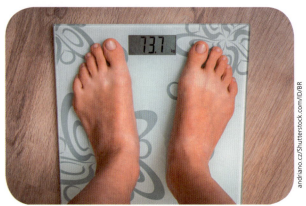

Mauro verificando sua massa.

andriano.cz/Shutterstock.com/ID/BR

3. Fátima foi ao supermercado e comprou 5 kg de farinha de trigo por R$ 7,94, uma bandeja com 30 ovos por R$ 8,79 e 5 kg de açúcar por R$ 6,54.

a. Quantos reais ela gastou nessa compra?

b. Sabendo que ela pagou a compra com duas cédulas de R$ 20,00, quantos reais ela recebeu de troco?

4. Veja como Liliane calculou mentalmente quanto gastaria para comprar um caderno e uma lapiseira na papelaria perto de sua casa.

$10,50 + 5,11$

$10,00 + 0,50 + 5,00 + 0,11$

$15,00 + 0,61$

$15,61$

Liliane

Nutlegal Photographer/Shutterstock.com/ID/BR

caderno	R$ 10,50
estojo	R$ 5,35
caixa de lápis de cor	R$ 10,20
lapiseira	R$ 5,11
borracha	R$ 1,15
apontador	R$ 1,55

Sergio L. Filho

Agora, de maneira semelhante, determine o preço que ela pagaria se comprasse, nessa papelaria:

a. um estojo e um caderno. _____

b. uma caixa de lápis de cor e um apontador. _____

c. uma lapiseira e uma borracha. _____

Por dentro do tema

Lição de economia

Na volta às aulas, é comum que seja feita uma compra de materiais escolares e, ao longo do ano, alguns itens tenham que ser repostos.

Para economizar nessas compras, atitudes simples podem ser bem eficazes. Confira algumas delas.

✓ Faça uma lista para não comprar itens extras.

✓ Analise o material que sobrou do ano anterior e verifique o que pode ser reaproveitado neste ano.

✓ Compare os preços dos produtos antes de comprá-los.

✓ Resista à compra de produtos da moda, que são, em geral, mais caros.

Ilustrações: Mary Vioto

Yuganov Konstantin/Shutterstock.com/ID/BR

Mãe e filha conferindo lista de materiais escolares.

Mudanças de hábitos também são importantes para ajudar a economizar. Uma delas é manter os materiais bem cuidados ao longo do ano para estender ao máximo a sua vida útil e, assim, reutilizá-los nos anos seguintes. Também é importante não desperdiçá-los, usando apenas o necessário, sem excessos.

A. Quando seus pais ou responsáveis vão comprar materiais escolares, você os ajuda? Por quê?

B. Que cuidados você tem para aumentar a durabilidade de seus materiais escolares?

C. Pensando em economizar, Marina consultou o preço dos mesmos materiais da lista de Liliane em outra papelaria. Nela, o caderno custava R$ 1,25 mais caro, o estojo custava R$ 0,25 mais barato e a lapiseira custava R$ 4,30. Os demais produtos custavam o mesmo preço da papelaria anterior.

- Calcule, no caderno, o preço do estojo e do caderno nessa papelaria.

- Comprando todos os itens da lista na papelaria que pesquisaram, quem vai gastar menos: Liliane ou Marina?

Imagens sem proporção entre si.

Materiais escolares.

Ilustração: Mary Vioto
Fotos: JpegPhotographer e Piotr
Adamowicz/Shutterstock.com/ID/BR

5. Odair foi ao supermercado e recebeu o cupom fiscal representado ao lado. Note que o cupom foi rasgado.

SUPERMERCADO DO BAIRRO
SOCIEDADE PARENTES E CIA. LTDA.
RUA BRASIL, 1234 – SÃO PAULO – SP

C.N.P.J.: 12.345.789/0001-23   I.E.: 123.456.789.012

31/01/2019   18:46:08   CP001   LJ007   COD: 123456

CUPOM FISCAL

ITEM	DESCRIÇÃO	QTDE.	VALOR(R$)
001	ARROZ PACOTE 5 kg	1 ×	10,26
002	FEIJÃO 1 kg	1 ×	3,41
003	MARGARINA 500 g	1 ×	2,89
004	CAFÉ 500 g	1 ×	4,49

** TOTAL
** DINHEIRO
** VALOR RECEBIDO
** TROCO

Eduardo C.

a. Quantos reais Odair gastou com essa compra?

b. Para pagar a compra, Odair deu uma cédula de R$ 50,00. Quantos reais ele recebeu de troco?

Para fazer juntos!

Utilizando as imagens a seguir, elabore o enunciado de um problema que envolva adição e subtração e entregue para um colega resolver. Depois, verifique a resposta do seu colega.

Imagens: Banco Central. Fotografia: Karina Tengan/ID/BR

Imagens sem proporção entre si.

José Vitor Elorza/ ASC Imagens

Queijo.
R$ 89,90
kg

Jacek/Kino.com.br

Massa para Tapioca.
R$ 4,55
o pacote

Arkadi Bulva/ Shutterstock.com/ID/BR

Carne de sol.
R$ 30,49
kg

Multiplicação envolvendo números decimais

Para realizar uma pintura em sua casa, Renata foi até uma loja e comprou três latas de tinta como a que aparece ao lado.

- • **Como você faria para calcular quantos reais Renata gastou na compra das três latas de tinta?**

Para responder a esta questão, podemos efetuar o cálculo 3 × 35,46 usando o quadro de ordens.

R$ 35,46

1º Multiplicamos os centésimos.

D	U		d	c
3	5	,	4	6
×				3
				18

3 × 6 c = 18 c

3º Trocamos 10 décimos por 1 unidade. Multiplicamos e adicionamos as unidades.

D	U		d	c
3	¹5	,	¹4	6
×				3
	16	,	3	8

3 × 5 U + 1 U = 16 U

2º Trocamos 10 centésimos por 1 décimo. Multiplicamos e adicionamos os décimos.

D	U		d	c
3	5	,	¹4	6
×				3
		,	13	8

3 × 4 d + 1 d = 13 d

4º Trocamos 10 unidades por 1 dezena. Multiplicamos e adicionamos as dezenas.

D	U		d	c
¹3	¹5	,	¹4	6
×				3
10	6	,	3	8

3 × 3 D + 1 D = 10 D

Podemos também efetuar esse cálculo desconsiderando a vírgula. Depois, acrescentamos a vírgula ao resultado, de maneira que ele fique com a mesma quantidade de casas decimais que o fator decimal.

$$\begin{array}{r} {}^1 3\ {}^1 5\ {}^1 4\ 6 \\ \times \qquad 3 \\ \hline 1\ 0\ 6\ 3\ 8 \end{array} \longrightarrow \begin{array}{r} {}^1 3\ {}^1 5\ ,\ {}^1 4\ 6 \\ \times \qquad\quad 3 \\ \hline 1\ 0\ 6\ ,\ 3\ 8 \end{array}$$

← duas casas após a vírgula

← duas casas após a vírgula

Pratique e aprenda

1. Efetue os cálculos.

A

3 × 2,6

B

8 × 3,54

C

5 × 19,326

2. Fernando comprou, em três prestações, uma bicicleta para seu filho. Ele efetuou o pagamento com os cheques representados ao lado.

Quantos reais, ao todo, Fernando pagou pela bicicleta?

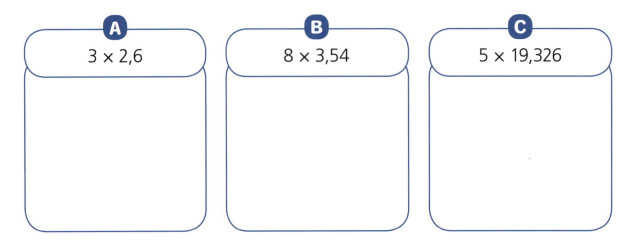

Sergio L. Filho

3. Marcos, André, Fábio e Paulo caminham todos os dias. Veja o que eles estão dizendo sobre a caminhada que fizeram no último sábado.

EU CAMINHEI O DOBRO DA DISTÂNCIA DE ANDRÉ.

EU CAMINHEI 2,7 KM.

EU CAMINHEI O TRIPLO DA DISTÂNCIA DE PAULO.

EU CAMINHEI 1,8 KM A MENOS QUE MARCOS.

Marcos   André   Fábio   Paulo

Calcule quantos quilômetros cada um deles caminhou no último sábado.

4. Veja ao lado o preço do quilograma da batata, do tomate e da cebola em certo supermercado.

Quantos reais uma pessoa vai gastar nesse supermercado se comprar:

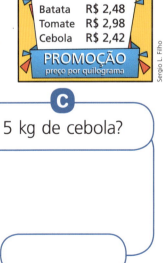

Batata   R$ 2,48
Tomate   R$ 2,98
Cebola   R$ 2,42

PROMOÇÃO
preço por quilograma

A
3 kg de tomate?

B
4 kg de batata?

C
5 kg de cebola?

5. Complete o esquema de acordo com as indicações.

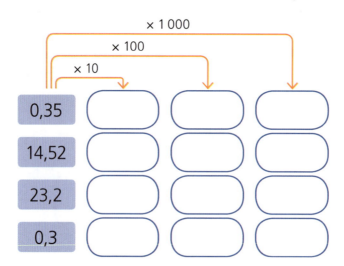

• Converse com seus colegas sobre o que vocês observaram com relação à multiplicação de um número decimal por 10, 100 e 1 000.

6. Veja como podemos efetuar o cálculo ao lado associando os fatores de uma maneira conveniente.

De maneira semelhante, determine o resultado dos cálculos abaixo.

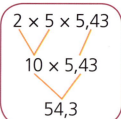

A | 5 × 3,407 × 2

D | 20 × 5 × 1,419

B | 2 × 5 × 7,8

E | 200 × 5 × 8,021

C | 2 × 7,963 × 50

F | 500 × 2 × 0,03

7. Complete os itens a seguir com as dezenas exatas mais próximas do resultado de cada cálculo.

   a. _____ < 7,4 × 10 < _____

   b. _____ < 0,61 × 100 < _____

   c. _____ < 0,438 × 1 000 < _____

8. Veja os cálculos que Ronaldo efetuou.

De acordo com os cálculos que Ronaldo realizou, determine o resultado dos cálculos abaixo sem efetuá-los.

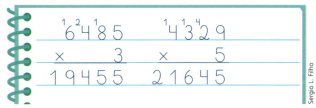

$$
\begin{array}{r}
6\,4\,8\,5 \\
\times \quad 3 \\
\hline
1\,9\,4\,5\,5
\end{array}
\qquad
\begin{array}{r}
4\,3\,2\,9 \\
\times \quad 5 \\
\hline
2\,1\,6\,4\,5
\end{array}
$$

Sergio L. Filho

   a. 3 × 648,5 _____

   b. 3 × 6,485 _____

   c. 3 × 64,85 _____

   d. 5 × 4,329 _____

   e. 5 × 43,29 _____

   f. 5 × 432,9 _____

9. Podemos realizar transformações entre algumas unidades de medida por meio de multiplicações. Veja alguns exemplos e complete os itens.

   1 cm = 10 mm
   × 10

   1 m = 100 cm
   × 100

   1 km = 1 000 m
   × 1 000

   a. 7 cm = _____ mm

   b. 12,1 cm = _____ mm

   c. 3 m = _____ cm

   d. 24,98 m = _____ cm

   e. 4,500 km = _____ m

   f. 11,628 km = _____ m

Para fazer juntos!

Utilize a imagem ao lado e elabore o enunciado de um problema que envolva multiplicação e entregue-o para um colega resolver. Depois, verifique a resposta do seu colega.

JARDIM BRASIL
ÔNIBUS
PASSAGEM R$ 4,15

Flavio Pereira

Divisão envolvendo números decimais

No esquema a seguir, está representado o trecho de uma rua. Nesse trecho, a distância entre dois postes consecutivos é sempre a mesma.

- **Qual é a distância entre dois postes consecutivos?**

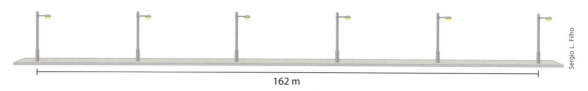

162 m

Sergio L. Filho

Para resolver esta questão, precisamos determinar o resultado do cálculo:

$$162 : 5$$

Veja como podemos efetuar este cálculo.

1º Dividimos 16 dezenas por 5, obtendo 3 dezenas e sobra 1 dezena.

```
  C D U
  1 6 2 | 5
 -1 5     3
  ───      
  0 1     D
```

2º Trocamos 1 dezena por 10 unidades e adicionamos 2 unidades. Depois, dividimos as 12 unidades por 5. Assim, obtemos 2 unidades e sobram 2 unidades.

```
  C D U
  1 6 2 | 5
 -1 5 ↓   3 2
  ───
  0 1 2   D U
 -  1 0
  ─────
    0 2
```

3º Não podemos dividir 2 unidades por 5 e obter unidades como resultado, pois 2 < 5. Por isso, trocamos 2 unidades por 20 décimos e colocamos uma vírgula no quociente para separar a parte inteira da parte decimal. Por fim, dividimos os 20 décimos por 5 e obtemos 4 décimos.

```
  C D U
  1 6 2 | 5
 -1 5 ↓   3 2, 4
  ───
  0 1 2   D U d
 -  1 0
  ─────
    0 2 0
 -    2 0
  ─────
      0 0
```

ou

dividendo → $\widehat{1\,6}\,2$ | 5 ← divisor

− 1 5 ↓   3 2, 4 ← quociente

0 1 2

− 1 0

0 2 0

− 2 0

0 0 ← resto

Assim, a distância entre dois postes consecutivos é 32,4 m.

Pratique e aprenda

1. Efetue os cálculos a seguir.

A

135 : 6

B

447 : 10

C

631 : 25

2. Uma divisão pode ser representada na forma de fração. Além disso, podemos relacionar números decimais e frações decimais.

Usando o mesmo procedimento do esquema ao lado, complete as igualdades.

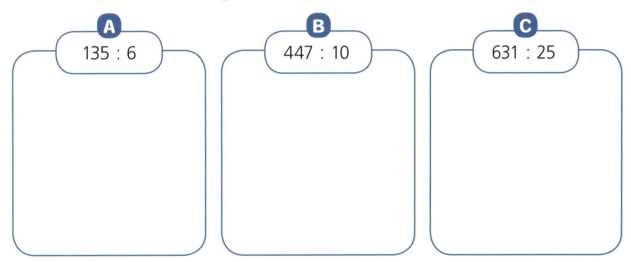

$$\underbrace{\frac{25}{20} = 25 : 20}_{\text{Fração e divisão}} = \underbrace{1{,}25 = \frac{125}{100}}_{\substack{\text{Número decimal} \\ \text{e fração decimal}}}$$

a. $\dfrac{324}{15}$ = _____ : _____ = _____ = $\dfrac{216}{10}$

b. _____ = 912 : 75 = _____ = $\dfrac{\quad}{100}$

c. $\dfrac{\quad}{14}$ = 819 : _____ = 58,5 = $\dfrac{\quad}{10}$

3. Lucas e quatro amigos foram a um restaurante. Ao final da refeição, eles receberam do garçom a conta representada ao lado.

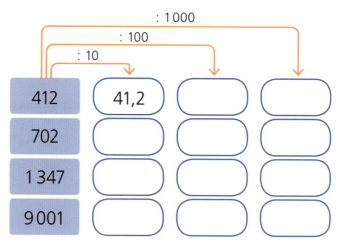

RESTAURANTE PAU-BRASIL				
C.N.P.J.: 12.345.789/0001-23				I.E.: 123.456.789.012
26/01/2019 12:50:08	CP001	LJ007		COD: 123456
CUPOM FISCAL				
ITEM	DESCRIÇÃO	QTDE.	VALOR(UN)	VALOR(R$)
001	REFEIÇÕES	5 ×	19,90	99,50
002	SUCOS	5 ×	3,50	17,50
** TOTAL				
*	OBRIGADO – VOLTE SEMPRE			*

Eduardo C.

a. Efetue os cálculos e determine o valor total da conta.

b. Lucas e seus amigos dividiram o valor da conta igualmente entre eles. Quantos reais cada um deles pagou pela refeição?

4. Complete o esquema ao lado de acordo com as indicações.

• Converse com seus colegas sobre o que vocês puderam observar com relação à divisão de um número por 10, 100 e 1 000.

: 1000
: 100
: 10

412	41,2		
702			
1 347			
9 001			

5. Podemos realizar transformações entre algumas unidades de medida por meio de divisões. Veja alguns exemplos e complete.

1 000 mg = 1 g
: 1000

1 000 ml = 1 L
: 1000

1 000 kg = 1 t
: 1000

a. 7 245 mg = _____ g

b. 3 931 ml = _____ L

c. 12 898 ml = _____ L

d. 82 477 kg = _____ t

6. Veja como podemos determinar o resultado de 3 : 5 .

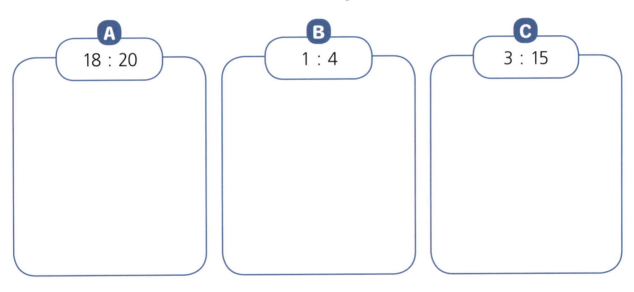

1º Como 3 < 5, não podemos dividir 3 unidades por 5 e obter unidades como resultado. Por isso, trocamos 3 unidades por 30 décimos e colocamos um zero e uma vírgula no quociente para separar a parte inteira da parte decimal.

```
  U
  3 |5_      →    3 0 |5_
                     0,
                     U
```

2º Dividimos os 30 décimos por 5 e obtemos 6 décimos como resultado.

```
      3 0 |5_
   –  3 0  0, 6
      0 0   U d
```

Agora é com você. Efetue os cálculos a seguir e, em seguida, represente os resultados na forma de fração decimal.

A 18 : 20

B 1 : 4

C 3 : 15

Fração decimal: ———— Fração decimal: ———— Fração decimal:————

7. Rodrigo tem quatro quilogramas de uva para distribuir igualmente em dez embalagens. Quantos gramas de uva haverá em cada embalagem?

8. Caio, Marcela e Paulo foram comprar pipa. O cartaz mostra o preço das pipas.

Flavio Pereira

- Em sua opinião, é mais vantajoso, em relação ao preço, cada um deles comprar uma pipa ou eles comprarem as pipas na promoção e repartirem o valor entre si?

PIPA
1 por R$ 2,50
3 por R$ 6,90

Para determinar a situação mais vantajosa, precisamos identificar em qual delas o preço de uma pipa é o menor. Então, vamos calcular o preço de cada pipa na promoção.

1º Para dividir um número decimal por um número natural, podemos proceder conforme indicado ao lado:

$$6,9 : 3 = \frac{6,9}{3} = \frac{69}{30} = 69 : 30$$

(× 10)

(× 10)

Assim, o quociente de 6,9 : 3 é igual ao de 69 : 30.

2º Efetuamos o cálculo 69 : 30.

Assim, uma pipa custa R$ 2,30 na promoção.

```
  6 9  | 3 0
- 6 0    2, 3
  0 9 0
-   9 0
    0 0
```

Comparando R$ 2,30 com R$ 2,50, verificamos que será mais vantajoso se os três amigos comprarem as pipas na promoção e repartirem o valor entre si.

Agora, efetue as divisões usando o procedimento acima.

a. 3,4 : 2

b. 9,6 : 4

c. 6,5 : 5

9. Nos itens a seguir, determine o que se pede.

A A metade de 3,2 é _____.

C A quarta parte de 18,4 é _____.

B A metade de 4,9 é _____.

D A terça parte de 37,2 é _____.

10. Em um passeio, Joana comprou um sorvete de casquinha de mesmo preço para cada um de seus três filhos, e outro para ela, e pagou no total R$ 4,60. Quanto custou cada sorvete?

Para fazer juntos!

Use as imagens a seguir para elaborar o enunciado de um problema que envolva divisão. Em seguida, entregue-o para um colega resolver. Depois, verifique a resposta do seu colega.

PIZZARIA ITALIANA

Promoção de *pizzas*
R$ 29,60

M. Bussines Images/Shutterstock.com/ID/BR

Rafael L. Gaion

Porcentagem

Leia a informação a seguir.

> De acordo com o IBGE, em 2010, aproximadamente 84% da população brasileira vivia no espaço urbano e 16% vivia no espaço rural. Dessa forma, pode-se verificar que a maior parte da população brasileira vive no espaço urbano.

Feng Yu/Shutterstock.com/ID/BR

1. Em sua opinião, o que significa o símbolo % que aparece ao lado dos números 84 e 16?

O símbolo % indica uma **porcentagem**. O número 84 seguido pelo símbolo %, que aparece na informação acima, é lido **oitenta e quatro por cento**.

Dizemos que 84% indica 84 partes de um total de 100 partes.

Assim, 84% é equivalente à fração $\dfrac{84}{100}$ e ao número 0,84.

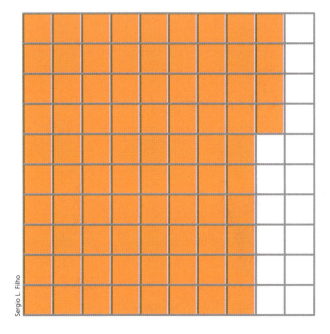

Sergio L. Filho

> Porcentagem: 84%
>
> Fração decimal: $\dfrac{84}{100}$
>
> Número decimal: 0,84

Portanto, podemos dizer que, no Brasil, de cada 100 habitantes, aproximadamente 84 vivem no espaço urbano.

2. Agora é com você. Escreva como se lê a porcentagem de habitantes que vivem no espaço rural. _____.

Complete o texto a seguir com os números adequados.

Dizemos que 16% indica ☐ partes de um total de 100 partes, isto é, de cada 100 habitantes brasileiros, aproximadamente ☐ vivem no espaço rural.

Assim, 16% é igual à fração ☐ e ao número ☐ .

Pratique e aprenda

1. Observe as figuras e escreva a porcentagem que representa a parte pintada de amarelo em cada uma delas. Depois, escreva como se lê cada uma das porcentagens.

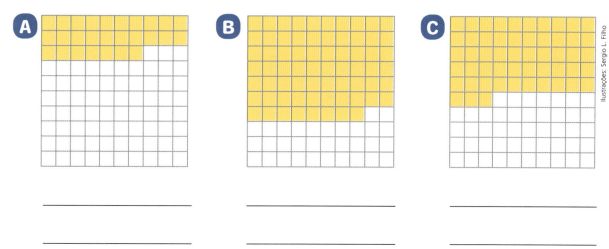

Ilustrações: Sergio L. Filho

A _____

_____

B _____

_____

C _____

_____

2. Complete o quadro com a porcentagem, a fração decimal e o número decimal adequado.

Porcentagem	10%	45%			
Fração decimal	$\dfrac{10}{100}$	_____	$\dfrac{80}{100}$	_____	$\dfrac{50}{100}$
Número decimal				0,94	

3. Helena construiu algumas figuras e as dividiu igualmente. Em seguida, pintou partes dessas figuras.

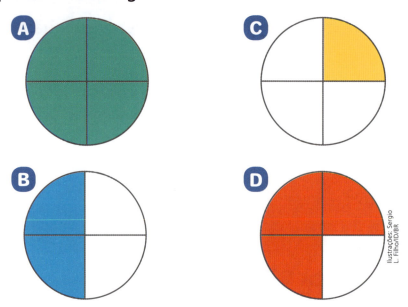

a. A figura **A** está pintada de verde por **inteiro**. Que porcentagem dessa figura está pintada de verde? _____

b. **Metade** da figura **B** está pintada de azul, ou seja, _____% dessa figura está pintada dessa cor.

c. Helena pintou a **quarta parte** da figura **C** de amarelo. Que porcentagem dessa figura foi pintada de amarelo? _____

d. A figura **D** está pintada _____% de vermelho, ou seja, Helena pintou **três quartos** dessa figura.

e. Escreva a porcentagem que representa a parte colorida de cada figura na forma de fração decimal e na forma de número decimal.

_____

_____

f. Escreva uma fração para representar a parte colorida em cada figura, porém sem utilizar frações decimais.

_____

_____

_____

4. Antes de realizar a compra de um fogão, Marisa pesquisou o preço em duas lojas diferentes.

Para determinar o valor do desconto que Marisa vai obter na loja **A** se comprar o fogão e pagar à vista, precisamos calcular 10% de R$ 450,00.

Loja A

R$ 450,00 a prazo ou com 10% de desconto no pagamento à vista

Loja B

R$ 520,00 a prazo ou com 15% de desconto no pagamento à vista

$$10\% \text{ de } 450 = \frac{10}{100} \text{ de } 450 = 45,$$

$$\text{pois } 450 : 100 = 4,5 \text{ e } 10 \times 4,5 = 45.$$

O desconto para o pagamento à vista na loja **A** equivale à **décima parte** do preço a prazo, pois as frações $\frac{1}{10}$ e $\frac{10}{100}$ são equivalentes.

Portanto, Marisa vai ter um desconto de _____ se comprar o fogão na loja **A** e pagar à vista.

a. De maneira semelhante, calcule de quantos reais será o desconto na loja **B** se Marisa comprar à vista.

b. Em qual das lojas Marisa vai pagar menos se a compra for à vista? Quantos reais ela vai pagar se comprar nessa loja?

5. Efetue os cálculos.

a. 10% de 500

c. 50% de 300

b. 25% de 200

d. 75% de 112

6. O complexo cultural Cidade das Artes, no município do Rio de Janeiro, é formado por diversos espaços que abrigam espetáculos, oficinas e galerias de arte. Um desses espaços, chamado Grande Sala, tem capacidade para 1 250 pessoas.

Considerando que em uma apresentação 10% das poltronas estavam vazias, quantas poltronas estavam:

• vazias?

• ocupadas?

7. Raul está lendo um livro de 260 páginas. Ainda faltam 25% das páginas para ele terminar de ler o livro.

a. Quantas páginas faltam para Raul terminar de ler o livro?

b. Quantas páginas do livro Raul já leu?

Ponto de chegada

Nesta unidade, estudamos a respeito dos números decimais, reconhecendo a relação entre esses números e as frações. Também estudamos as operações de adição, subtração, multiplicação e divisão com números decimais e compreendemos a ideia de porcentagem. Para retomar alguns desses conceitos, leia e complete os itens a seguir.

a. Os números decimais podem ser representados por **frações decimais**.

$$\frac{12}{100} = \underline{\hspace{3cm}}$$

$$\underline{\hspace{2cm}} = 0,65$$

$$\frac{538}{\underline{\hspace{1.5cm}}} = 0,538$$

b. Trabalhamos operações com números decimais.

- adição

```
    1 , 2   0   7
+   1 , 5   2   4
_____
___ , ___ ___ ___
```

- subtração

```
    1 , 5   2   4
−   1 , 2   0   7
_____
___ , ___ ___ ___
```

- multiplicação

```
      3   5 , 4   6
×                 3
_____
___ ___ ___ , ___ ___
```

- divisão

```
 1 6 2  | 5
− 1 5 ↓  _____
 0 1 2    ___ ___ , ___
−   1 0
  0 2 0
−   2 0
    0 0
```

c. Estudamos também a porcentagem (%) para representarmos partes de um todo.

Porcentagem: 85%

Fração decimal: _____

Número decimal:

Jumbo2010/Shutterstock.com/ID/BR

Lançamento simultâneo de dados coloridos.

Ponto de partida

1. Ao lançar qualquer um dos dados da foto, é possível obter que números no sorteio?

2. Se forem lançados vários dados iguais ao mesmo tempo, algum dos resultados indicados na questão anterior tem maior chance de ser sorteado do que os demais? Por quê?

Representando informações em tabelas

Existem diferentes maneiras de apresentar uma informação ou o resultado de uma pesquisa. Os recursos usados para organizar esses dados têm como objetivo tornar a visualização prática para o leitor, permitindo uma análise mais detalhada, atrativa e de fácil conclusão. Entre esses recursos estão as tabelas.

Leia o texto a seguir.

Quantas horas você costuma dormir?

É recomendado que uma criança de 6 a 12 anos de idade durma cerca de 10 horas por dia. Porém, no mundo animal, a quantidade de horas de sono pode surpreender. Exemplos disso são o macaco-da-noite, que dorme 17 horas em um dia, o esquilo, que dorme 15 horas e os gatos, que dormem cerca de 12 horas por dia.

Existem também os animais que precisam de poucas horas para renovar as energias, como a girafa, que dorme menos de 2 horas por dia, e a vaca, que dorme apenas 4 horas.

Esquilo-raposa adulto: de 50 cm a 73 cm de comprimento.

Fontes de pesquisa: FIOCRUZ. Veja o vivo. Disponível em: <http://www.invivo.fiocruz.br/cgi/cgilua.exe/sys/start.htm?infoid=724&sid=2>. VEJA. Disponível em: <https://veja.abril.com.br/saude/qual-e-o-tempo-ideal-de-sono-para-criancas-e-adolescentes/>. Acessos em: 26 jan. 2018.

As informações do texto acima também podem ser apresentadas em uma tabela.

Tempo médio de sono diário de alguns animais					
Animal	Macaco-da-noite	Esquilo	Gato	Vaca	Girafa
Tempo de sono por dia, em horas	17	15	12	4	2

Fonte de pesquisa: FIOCRUZ. Veja o vivo. Disponível em: <http://www.invivo.fiocruz.br/cgi/cgilua.exe/sys/start.htm?infoid=724&sid=2>. Acesso em: 16 jan. 2018.

A tabela tem um título, que deixa evidente a principal informação transmitida, e uma fonte de pesquisa, que indica a origem das informações.

- Qual é o título da tabela acima?

Pratique e aprenda

1. A roda-gigante já não é apenas um brinquedo de parques de diversões. Em muitos lugares, elas estão entre as principais atrações turísticas da cidade. Veja, na tabela a seguir, dados sobre algumas das maiores rodas-gigantes do mundo.

Dados sobre algumas rodas-gigantes		
Nome (País)	Altura (em m)	Capacidade total de pessoas em uma mesma volta
London Eye (Inglaterra)	135	800
Star of Nanchang (China)	160	480
Singapore Flyer (Cingapura)	165	784
High Roller (EUA)	168	1 120

Fonte de pesquisa: O Globo. Infográficos. Disponível em: <http://infograficos.oglobo.globo.com/boa-viagem/lista-as-cinco-rodas-gigantes-mais-altas-do-mundo-1.html>. Acesso em: 16 jan. 2018.

a. Qual é a roda-gigante mais alta apresentada nesta tabela?

_____

b. Quantos metros de altura a Singapore Flyer tem a mais do que a London Eye? _____

c. Qual é a capacidade total de pessoas, em uma mesma volta, da Star of Nanchang? _____

Que curioso!

Girando nas alturas

A roda-gigante Chicago Wheel, idealizada por George Washington Gale Ferris Jr., em 1893, foi a primeira roda-gigante construída. Ferris a criou para que fosse a principal atração da Feira Mundial de Chicago, nos Estados Unidos.

High Roller, localizada em Las Vegas, nos Estados Unidos, no ano 2016.

Jonathan Weiss/Shutterstock.com/ID/BR

Atualmente, a maior roda-gigante do mundo, localizada na cidade de Las Vegas, nos Estados Unidos, é a High Roller, com 168 m de altura.

2. O *Aedes aegypti* é o mosquito transmissor da dengue, da zika e da chikungunya. A dengue é uma doença viral, que se espalhou rapidamente pelo mundo. No Brasil, foi identificada pela primeira vez em 1986. Atualmente, há quatro tipos diferentes de vírus da dengue no país.

A tabela a seguir apresenta dados sobre a quantidade de casos de dengue, ocorridos em 2016, em cada região do país.

Casos de dengue no Brasil (2016)	
Região	Quantidade de casos
Norte	39 011
Nordeste	324 815
Sudeste	858 273
Sul	72 650
Centro-Oeste	205 786

Fonte de pesquisa: Portal Saúde. Disponível em: <http://portalarquivos.saude.gov.br/images/pdf/2017/fevereiro/10/Dengue-classica-ate-2016.pdf>. Acesso em: 2 fev. 2018.

a. Explique o que você entendeu sobre os dados e o assunto tratado na tabela acima.

_____

_____

_____

_____

_____

_____

_____

Cartaz da campanha do Governo Federal contra a dengue, em 2017.

• Troque seu texto com um colega e verifique o que ele compreendeu das informações apresentadas na tabela.

b. Em sua opinião, o que podemos fazer para contribuir com a campanha contra a dengue na região em que vivemos?

Representando informações em gráficos

Além das tabelas, também usamos gráficos para apresentar dados coletados em pesquisas, permitindo ao leitor uma melhor visualização e uma análise mais detalhada dos dados.

Gráficos de colunas e de barras

Quilombos eram aldeias fundadas por descendentes de africanos escravizados, que fugiam das fazendas durante a escravidão.

Atualmente, existem comunidades remanescentes de quilombos espalhadas pelo país. Essas comunidades procuram manter as tradições culturais e religiosas, como as rodas de capoeira e de jongo.

Observe os dados apresentados a seguir.

jongo: dança em que os participantes fazem uma roda, cantam e se movimentam ao som de dois tambores

| Comunidades remanescentes de quilombos, por região, no Brasil (2017) ||
Região	Quantidade de comunidades
Norte	355
Nordeste	1887
Sudeste	453
Centro-Oeste	146
Sul	177

Fonte de pesquisa: Palmares Fundação Cultural. Disponível em: <http://www.palmares.gov.br/comunidades-remanescentes-de-quilombos-crqs>. Acesso em: 19 out. 2017.

Marco Antônio Sá/ Pulsar Imagens

Grupo executando o jongo, dança de roda de origem africana com acompanhamento de tambores e solista, no município de Piquete, estado de São Paulo, em 2007.

Veja como podemos apresentar os mesmos dados da tabela usando **gráfico de colunas** e **gráfico de barras**.

Gráfico de colunas

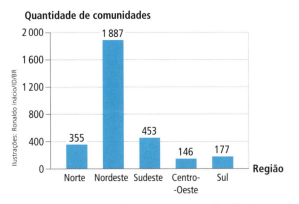

Fonte de pesquisa: Palmares Fundação Cultural. Disponível em: <http://www.palmares.gov.br/comunidades-remanescentes-de-quilombos-crqs>. Acesso em: 19 out. 2017.

Gráfico de barras

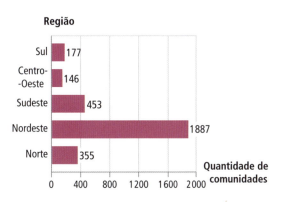

Fonte de pesquisa: Palmares Fundação Cultural. Disponível em: <http://www.palmares.gov.br/comunidades-remanescentes-de-quilombos-crqs>. Acesso em: 19 out. 2017.

O gráfico, assim como a tabela, deve ter em sua estrutura o título, deixando clara a informação que será apresentada, e a fonte de pesquisa, para indicar a origem dessas informações.

1. Sem considerar os números e somente olhando para as colunas ou as barras, em qual região há mais comunidades remanescentes de quilombos? _____

• Como você fez para responder à pergunta acima?

_____
_____

_____

2. O que as colunas ou as barras desses gráficos representam?

_____
_____
_____

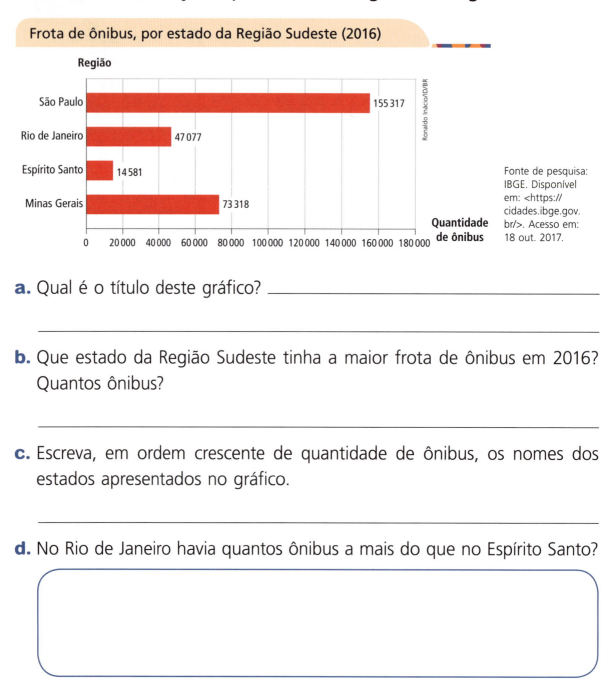

Pratique e aprenda

1. Observe as informações apresentadas no gráfico a seguir.

Frota de ônibus, por estado da Região Sudeste (2016)

Região

São Paulo	155 317
Rio de Janeiro	47 077
Espírito Santo	14 581
Minas Gerais	73 318

0 20 000 40 000 60 000 80 000 100 000 120 000 140 000 160 000 180 000

Quantidade de ônibus

Ronaldo Inácio/ID/BR

Fonte de pesquisa: IBGE. Disponível em: <https://cidades.ibge.gov.br/>. Acesso em: 18 out. 2017.

a. Qual é o título deste gráfico? _____

_____

b. Que estado da Região Sudeste tinha a maior frota de ônibus em 2016? Quantos ônibus?

_____

c. Escreva, em ordem crescente de quantidade de ônibus, os nomes dos estados apresentados no gráfico.

_____

d. No Rio de Janeiro havia quantos ônibus a mais do que no Espírito Santo?

e. Em Minas Gerais havia mais ou menos ônibus do que:

- em São Paulo? _____

- no Rio de Janeiro? _____

- no Espírito Santo? _____

2. A escola de Ana fez uma eleição para escolher um novo diretor. Na tabela, estão apresentados os nomes dos professores que se candidataram e a quantidade de votos que receberam.

| Quantidade de votos na eleição para diretor da escola ||
Candidato	Quantidade de votos
Sueli	80
Carmem	110
Pedro	100
Gustavo	70

Fonte de pesquisa: Registros da secretaria da escola.

• Complete o gráfico com base nos dados da tabela.

Título: _____

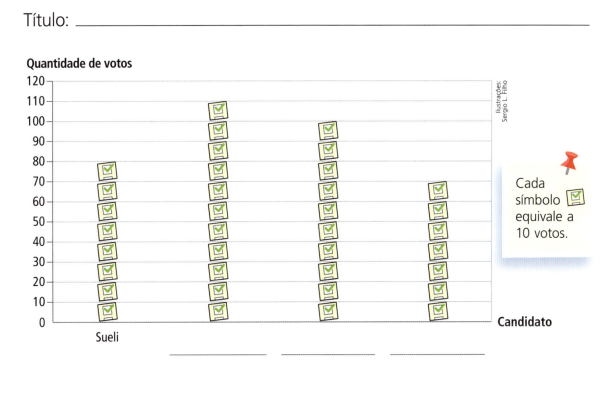

Quantidade de votos

Cada símbolo ☑ equivale a 10 votos.

Fonte de pesquisa: _____

_____

O gráfico acima é chamado **pictograma**. Nesse tipo de gráfico, existe um ou mais símbolos que substituem as colunas ou as barras. No caso deste gráfico, o símbolo ☑ representa 10 votos.

3. O **gráfico de colunas duplas** a seguir representa a quantidade de atletas brasileiros que participaram das Olimpíadas de 1984 a 2016.

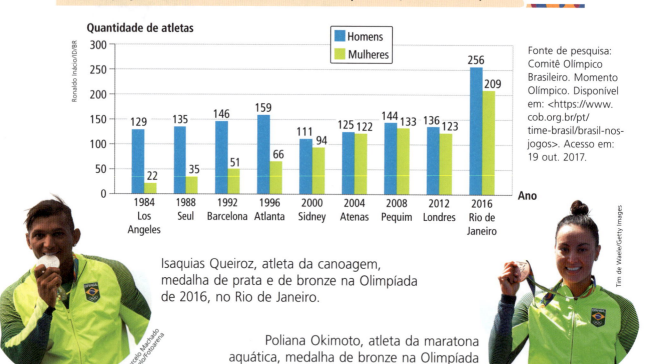

Participação de atletas brasileiros nas Olimpíadas (1984 a 2016)

Fonte de pesquisa: Comitê Olímpico Brasileiro. Momento Olímpico. Disponível em: <https://www.cob.org.br/pt/time-brasil/brasil-nos-jogos>. Acesso em: 19 out. 2017.

Isaquias Queiroz, atleta da canoagem, medalha de prata e de bronze na Olimpíada de 2016, no Rio de Janeiro.

Poliana Okimoto, atleta da maratona aquática, medalha de bronze na Olimpíada de 2016, no Rio de Janeiro.

a. No gráfico, o que representam as colunas de cor azul? E as colunas de cor verde?

_____

_____

_____

b. Sobre o gráfico acima, podemos escrever que:

- A maior diferença de participação entre a quantidade de atletas brasileiros homens e mulheres foi na Olimpíada de 1984, em Los Angeles.

- Na Olimpíada de 2016, no Rio de Janeiro, havia 47 atletas brasileiros homens a mais do que mulheres.

Escreva, em seu caderno, outras três afirmações como essas sobre os dados do gráfico.

Gráfico de linhas

O pai de Amanda registrou anualmente a altura dela, fazendo marcações na parede do quarto até ela completar seis anos de idade.

Observe como é possível representar as informações registradas pelo pai de Amanda em um **gráfico de linhas**.

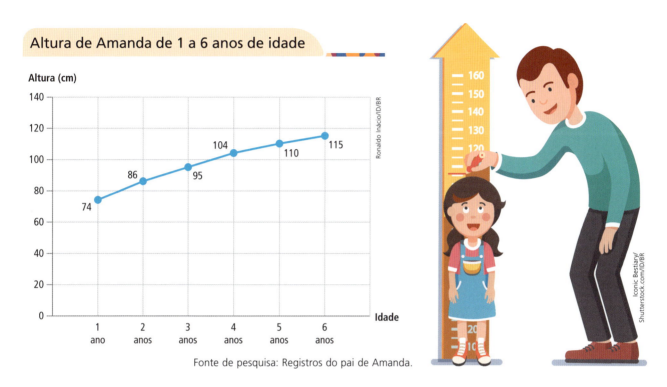

Fonte de pesquisa: Registros do pai de Amanda.

O **gráfico de linhas** é utilizado para representar a variação de uma grandeza no decorrer do tempo.

1. Em sua opinião, a altura de Amanda com um ano de idade era igual ou diferente da sua altura com dois anos?

_____

_____

2. O crescimento da altura de Amanda foi o maior entre quais anos consecutivos? De quantos centímetros foi esse crescimento?

_____

_____

Pratique e aprenda

1. Ao receber a fatura em casa, Arnaldo e Daniela perceberam a necessidade de economizar energia elétrica.

Veja a seguir o gráfico que apresenta o consumo de energia elétrica na casa deles nos últimos seis meses.

Consumo mensal de energia elétrica, em **kWh**, na casa de Arnaldo e Daniela (2018)

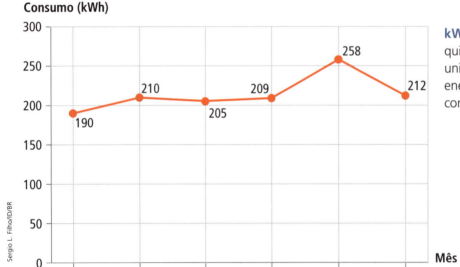

Consumo (kWh)

300
258
250
210 209 212
200 190 205
150
100
50
0
março abril maio junho julho agosto
Mês

kWh: abreviação de quilowatt-hora; é uma unidade de medida de energia que indica o consumo de energia elétrica

Fonte de pesquisa: Registros da empresa fornecedora de energia elétrica.

a. Em qual desses meses o consumo de energia elétrica foi o maior?

_____

b. Qual foi a variação do consumo de energia elétrica entre os meses de:
- abril e março?
- julho e junho?

c. Em sua opinião, quais seriam os principais motivos para o consumo ter sido maior em determinado mês do ano?

_____

_____

_____

Observe algumas dicas para economia de energia.

No chuveiro...
- evite banhos demorados.
- use a opção de água quente somente nos dias frios.

Na geladeira...
- coloque e retire alimentos de uma só vez e abra o mínimo de vezes possível.
- use uma regulagem de temperatura menor no inverno.

Fotomontagem de Maryane Silva. Fotos: Macrovector e mvp_stock/Shutterstock.com/ID/BR

Apague as lâmpadas...
- nos ambientes desocupados.
- durante o dia, sempre que a luz do sol for suficiente.

Desligue o televisor, o rádio e o computador...
- quando ninguém estiver usando.
- para dormir.

Dica Para responder ao item **d**, use as dicas de economia e outras maneiras de economizar que você conheça.

Fonte de pesquisa: Companhia Paranaense de Energia. Disponível em: <http://www.copel.com/hpcopel/educacao/sitearquivos2.nsf/arquivos/folder_use_melhor_sua_energia/$FILE/uso_energia.pdf>. Acesso em: 17 jan. 2018.

d. Que atitudes Arnaldo e Daniela podem ter para economizar no uso de energia?

_____

_____

e. As suas atitudes diárias contribuem para a economia de energia em sua residência ou para o consumo exagerado? Por quê?

Gráfico de setores

O IBGE aprimorou sua pesquisa em relação à população indígena do Brasil. A partir de 2010, passou a identificar as pessoas que moram em terras indígenas e fora delas também. Veja, na tabela a seguir, dados sobre a população indígena do Brasil.

População autodeclarada indígena conforme a região do Brasil (2010)	
Região	População
Norte	305 873
Nordeste	208 691
Sudeste	97 960
Sul	74 945
Centro-Oeste	130 494

Fonte de pesquisa: IBGE. Disponível em: <https://ww2.ibge.gov.br/home/estatistica/populacao/censo2010/caracteristicas_gerais_indigenas/default_gregioes_uf_xls.shtm>. Acesso em: 5 jan. 2018.

Se adicionarmos a população de todas as regiões, o resultado será o total da população indígena no Brasil em 2010.

Quando temos um todo dividido em categorias – nesse caso em cinco regiões – podemos utilizar o **gráfico de setores**, popularmente chamado "gráfico de *pizza*", para representar os dados, facilitando a comparação entre as categorias.

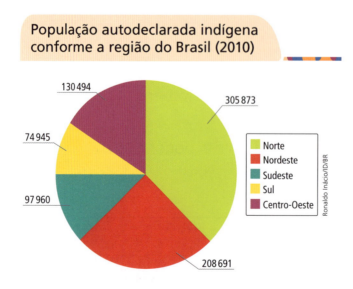

População autodeclarada indígena conforme a região do Brasil (2010)

130 494
305 873
74 945
97 960
208 691

- Norte
- Nordeste
- Sudeste
- Sul
- Centro-Oeste

Ronaldo Inácio/ID/BR

Fonte de pesquisa: IBGE. Disponível em: <https://ww2.ibge.gov.br/home/estatistica/populacao/censo2010/caracteristicas_gerais_indigenas/default_gregioes_uf_xls.shtm>. Acesso em: 5 jan. 2018.

1. Qual é o tema do gráfico apresentado?

_____

2. Qual região do Brasil tem menos residentes indígenas? Quantos?

_____

3. É possível afirmar, apenas observando o gráfico e sem considerar os números apresentados, que a população de indígenas da Região Norte é menor do que a metade dos indígenas de todo o Brasil? Justifique sua resposta.

_____

_____

_____

4. Apenas observando o gráfico e sem considerar os números apresentados, podemos concluir que a soma das populações indígenas das três regiões menos populosas é menor do que a da Região Nordeste? Por quê?

_____

_____

Aprenda mais!

Com uma linguagem acessível ao público infantil e de maneira divertida, é possível aprender mais sobre os indígenas em _Povos Indígenas no Brasil Mirim_. Este _site_ apresenta a diversidade da cultura indígena em nosso país, com a intenção de mostrar características dos diversos povos indígenas do Brasil.

Povos Indígenas do Brasil Mirim. Fac-símile: ID/BR

<https://mirim.org/pt-br>

Acesso em: 14 jan. 2018.

Página de abertura do _site_ Povos Indígenas no Brasil Mirim.

Pratique e aprenda

1. Ao final do primeiro semestre do ano, Karina recebeu da escola onde estuda um relatório com a quantidade das suas faltas em cada uma das disciplinas.

Observe o gráfico com essas informações.

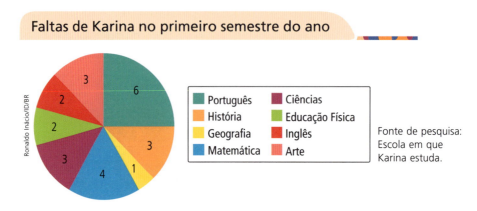

Faltas de Karina no primeiro semestre do ano

Legenda:
- Português
- História
- Geografia
- Matemática
- Ciências
- Educação Física
- Inglês
- Arte

Fonte de pesquisa: Escola em que Karina estuda.

a. Em qual disciplina Karina teve a maior quantidade de faltas?

_____

b. Em qual disciplina Karina teve menos faltas? _____

c. Quantas faltas ao todo Karina teve durante o primeiro semestre?

d. Se no segundo semestre Karina tiver essa mesma quantidade de faltas, qual será o total de faltas no final do ano?

e. Escreva a fração que representa a quantidade de faltas em cada disciplina em relação ao total de faltas.

_____

_____

Direito à educação

A educação é importante para o nosso desenvolvimento individual, principalmente no que diz respeito ao preparo para o exercício da cidadania e à qualificação para o trabalho.

Toda criança e todo adolescente têm direito à educação gratuita. O Estado brasileiro deve assegurar o Ensino Fundamental, obrigatório, inclusive para pessoas que não tiveram acesso na idade própria.

Conheça alguns direitos das crianças e dos adolescentes relativos à educação.

Acesso à escola pública em local próximo à residência.

Igualdade de condições para acesso e permanência na escola.

Organização e participação em entidades estudantis.

Ser respeitado pelos educadores.

Foxyimage/Shutterstock.com/ID/BR

A. Quais são os benefícios da educação para uma pessoa?

B. Se a educação é um direito das crianças e dos adolescentes, como você pode desfrutar desse direito ao máximo?

C. Na página 222, vimos que Karina recebeu da escola um relatório de suas faltas. Em sua opinião, por que é importante não faltar às aulas sem motivo justo?

Noções de probabilidade

Pedro está brincando de retirar bolinhas coloridas de uma caixa. Sua intenção é adivinhar a cor da bolinha ao retirá-la sem olhar.

Não é possível saber, com certeza, qual cor de bolinha Pedro vai retirar. Porém, podemos dizer que elas são **igualmente prováveis** de serem retiradas, ou seja, todas as cores têm a **mesma chance** de serem sorteadas.

Para medir uma chance, utilizamos a **probabilidade**, que pode ser indicada por uma fração.

Observe que, das 3 bolinhas na caixa, 1 é amarela. Portanto, a probabilidade de Pedro sortear uma bolinha amarela é:

$$1 \text{ em } 3 \text{ ou } \frac{1}{3}$$

AS CORES POSSÍVEIS DE SEREM SORTEADAS SÃO VERMELHO, AMARELO E AZUL.

Suponha que Pedro coloque mais três bolinhas, todas verdes, nessa caixa.

1. Quais são as cores possíveis de serem sorteadas?

_____

2. Qual das cores tem maior chance de ser sorteada por Pedro após as bolinhas verdes serem acrescentadas? _____

Se em uma situação é mais provável um resultado do que o outro, dizemos que esses resultados **não são igualmente prováveis**.

Ilustrações: Rivaldo Barboza

Pratique e aprenda

1. Observe as faces da moeda de R$ 1,00.

Considerando o lançamento desta moeda, responda às questões.

Cara.　Coroa.

Imagens: Banco Central. Fotografia: Karina Tengan/ID/BR

a. Quais são os possíveis resultados deste lançamento?

_____

b. Os possíveis resultados são igualmente prováveis? _____

c. Qual é a probabilidade de obter cara? _____

2. Otávio escreveu seu nome e o nome de seus amigos em fichas. Em seguida, colocou as fichas em uma urna para sortear a ordem de participação em um jogo.

a. Quais são os possíveis resultados do primeiro nome a ser sorteado?

_____

_____

b. As chances de sortear qualquer um dos nomes são igualmente prováveis?

_____

c. Qual é a probabilidade de o nome sorteado:

ser Maria?　ter exatamente cinco letras?　ter menos do que sete letras?

3. Arthur colocou as fichas a seguir em um saquinho para sorteá-las.

Ronaldo Inácio/ID/BR

a. Quais são os possíveis resultados a serem sorteados, considerando apenas o formato das figuras?

_____

b. Os possíveis resultados considerados acima são igualmente prováveis? Por quê?

_____

4. Recorte e monte o molde que está na página **271**. Depois, responda às questões a seguir.

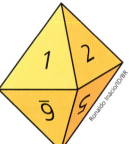

Ronaldo Inácio/ID/BR

a. Ao lançar esse octaedro, quais são os possíveis resultados?

_____

b. Qual é a probabilidade de, na face voltada para cima, aparecer:

- um número maior do que 2?

- um número ímpar?

- o número 3?

- um número par e maior do que 4?

Aprenda mais!

No livro *Vamos adivinhar?*, uma menina se diverte usando probabilidade e lógica para adivinhar alguns acontecimentos.

Vamos adivinhar?, de Cha Mi-Jeong. 2. ed. Ilustrações de Choi Yu-Mi. São Paulo: Callis, 2010.

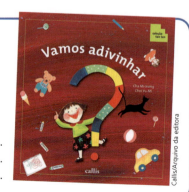

Callis/Arquivo da editora

Ponto de chegada

Nesta unidade, estudamos tabelas, gráficos e noções de probabilidade. Para recordar o que estudamos, leia e complete o que falta nos itens.

a. Estudamos a apresentação de informações em **tabelas** e **gráficos**.

Exemplo de _____:

Tempo, em horas, gasto por Maria nas atividades do dia					
Atividade	Dormir	Escola	Estudar em casa	Brincar	Demais atividades
Tempo (horas)	8	5	1	3	7

Fonte de pesquisa: Anotações de Maria.

Exemplo de gráfico de _____	Exemplo de gráfico de _____

Tempo, em horas, gasto por Maria nas atividades do dia

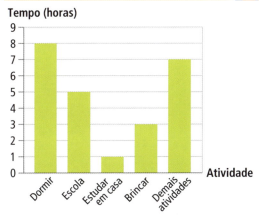

Fonte de pesquisa: Anotações de Maria.

Tempo, em horas, gasto por Maria nas atividades do dia

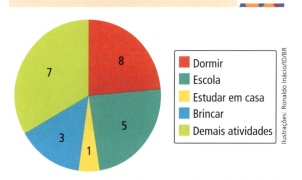

Fonte de pesquisa: Anotações de Maria.

- O gráfico de _____ é utilizado para representar a variação de uma grandeza no decorrer do tempo.

b. Para medir uma chance, utilizamos a probabilidade, que pode ser indicada por uma fração.

c. Se em uma situação todos os resultados têm a mesma chance de ocorrer, dizemos que eles são _____. Porém, se é mais provável um resultado do que o outro, dizemos que esses resultados não são igualmente _____.

Simon Mayer/Shutterstock.com/ID/BR

Entardecer na Praia do Forte, no município Mata de São João, na Bahia, em 2017.

Ponto de partida

1. Em sua opinião, a foto foi tirada em um dia de calor ou de frio?

2. Como é possível saber a temperatura de um local?

Medida de temperatura

Atualmente, grande parte dos *smartphones* trazem aplicativos para consulta de previsão do tempo, com indicação da medida de temperatura do ambiente, mostrando o quanto é comum o uso dessa medida.

Além da temperatura do ambiente, é comum medirmos a temperatura corporal, da água e de alimentos. No Brasil, usamos a escala de temperatura **Celsius**, representada pelo símbolo °C (grau Celsius).

1. Qual é o instrumento utilizado para medir a temperatura corporal?

Observe alguns modelos de termômetros.

Imagens sem proporção entre si.

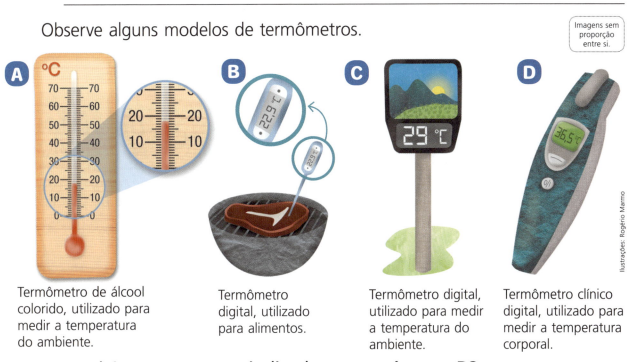

Ilustrações: Rogério Marmo

A Termômetro de álcool colorido, utilizado para medir a temperatura do ambiente.

B Termômetro digital, utilizado para alimentos.

C Termômetro digital, utilizado para medir a temperatura do ambiente.

D Termômetro clínico digital, utilizado para medir a temperatura corporal.

2. Qual é a temperatura indicada no termômetro **D**?

Pratique e aprenda

1. A refrigeração é uma das maneiras mais comuns de conservar determinados alimentos, aumentando o período de tempo do seu armazenamento. A temperatura necessária para manter os alimentos refrigerados pode variar de 0 °C a 7 °C.

Qual dos termômetros abaixo indica a temperatura mais alta citada no texto?

Alimentos acondicionados em refrigerador.

_____

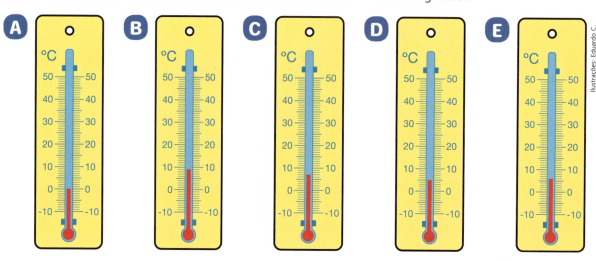

2. Observe a notícia do jornal e responda aos itens.

a. No Brasil, a maior temperatura já registrada foi 44,7 °C, na cidade de Bom Jesus, no Piauí, em 21 de novembro de 2005. Qual é a diferença entre a temperatura registrada no Vale da Morte, na Califórnia, e a registrada em Bom Jesus? _____

DE OLHO NA NOTÍCIA

A maior temperatura registrada na Terra
foi 56,7 °C em 10 de julho de 1913 no Vale da Morte da Califórnia, nos EUA.

Fonte de pesquisa: Organização Meteorológica Mundial. Disponível em: <https://wmo.asu.edu/content/global-weather-climate-extremes>. Acesso em: 18 jan. 2018.

b. Pesquise qual foi a maior temperatura já registrada em sua cidade ou estado e compare-a com as duas temperaturas citadas, calculando no caderno suas diferenças.

3. Em um atendimento médico, Carmem foi orientada a medir sua temperatura várias vezes durante o dia e fazer anotações.

Veja no gráfico as temperaturas medidas por Carmem.

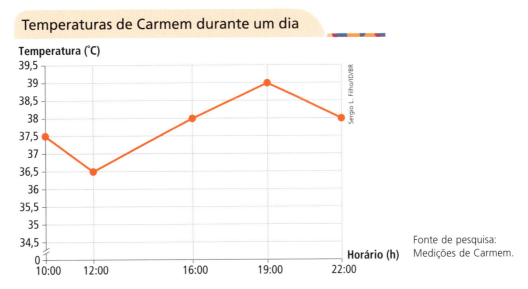

Temperaturas de Carmem durante um dia

Fonte de pesquisa: Medições de Carmem.

a. Qual era a temperatura de Carmem às 16 horas? _____

b. Qual foi a variação da temperatura de Carmem, considerando a maior e a menor temperatura medida por ela?

Para fazer juntos!

Ao ler o jornal, Aroldo observou um registro das temperaturas médias de sua cidade durante cinco dias da semana.

- Elabore, em seu caderno, o enunciado de um problema com as informações ao lado.

- Troque a atividade com outro aluno e peça que ele resolva o problema que você formulou.

- Depois, verifique a resposta e converse sobre qual foi a estratégia usada para resolver o problema.

Temperaturas médias da cidade durante cinco dias da semana	
Dia da semana	Temperatura (°C)
segunda-feira	25
terça-feira	27
quarta-feira	31
quinta-feira	30
sexta-feira	29

Fonte de pesquisa: Instituto de meteorologia da cidade.

Medidas de superfície

Neste tópico, estudaremos outras unidades de medida: as que são usadas para medir superfícies.

Área

Florinda está cobrindo o seu jardim com placas de grama. A imagem ao lado mostra a parte do jardim que já foi coberta com as placas.

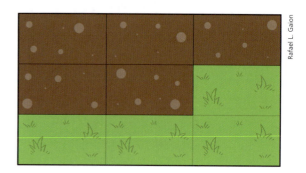

- Quantas placas de grama serão necessárias, ao todo, para cobrir o jardim?

Podemos dizer que a **superfície** do jardim mede nove placas de grama ou que a **área** do jardim é nove placas de grama.

Pratique e aprenda

1. Veja o polígono que Pedro desenhou em uma malha quadriculada.

PARA OBTER A ÁREA DE UMA SUPERFÍCIE, USAMOS OUTRA SUPERFÍCIE COMO UNIDADE DE MEDIDA.

a. Considerando o ▧ como unidade de medida, calcule a área do polígono desenhado por Pedro.

b. Explique a estratégia que você utilizou para responder ao item **a**.

Para fazer juntos!

Gilmar está cobrindo a parede de sua cozinha com azulejos. Veja, na imagem, a parede que será coberta.

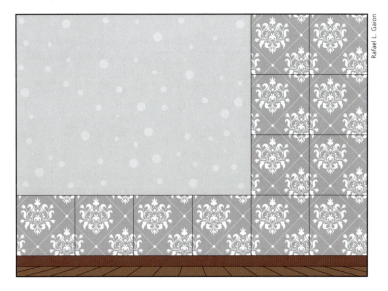

Rafael L. Gaion

- Elabore o enunciado de uma situação-problema com base na imagem e peça para um colega resolvê-la. Em seguida, confira a resposta do seu colega.

_____

_____

_____

2. Determine a área indicada em cada item, conforme o enunciado.

a. A área do hexágono, considerando o triângulo como unidade de medida.

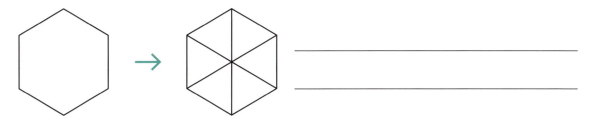

_____

b. A área do retângulo, considerando o quadrado como unidade de medida.

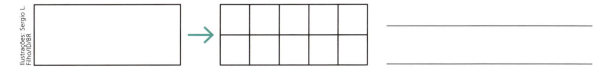

Ilustrações: Sergio L. Filho/ID/BR

_____

O centímetro quadrado

Veja as unidades de medida de superfície que Sabrina e Dênis utilizaram para determinar a área da figura ao lado.

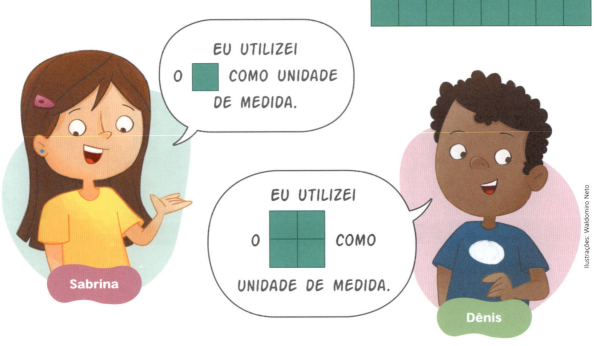

EU UTILIZEI O ☐ COMO UNIDADE DE MEDIDA.

Sabrina

EU UTILIZEI O ☐ COMO UNIDADE DE MEDIDA.

Dênis

1. Qual foi o resultado obtido por:

● Sabrina? _____   ● Dênis? _____

2. Os resultados obtidos por Sabrina e Dênis são iguais ou diferentes? Por quê?

_____

_____

Para não ocorrer esse tipo de situação, foram definidas unidades de medida de superfície padronizadas. Uma dessas unidades é o **centímetro quadrado**, representado por cm².

1 cm

1 cm

← 1 centímetro quadrado ou 1 cm²

1 centímetro quadrado (1 cm²) é a área de um quadrado com 1 cm de lado.

Pratique e aprenda

1. Na malha abaixo, cada quadrado tem um centímetro de lado. Determine para os polígonos dessa malha:

• o perímetro em cm.   • a área em cm².

> **Dica** O perímetro de um polígono é a soma das medidas de todos os seus lados.

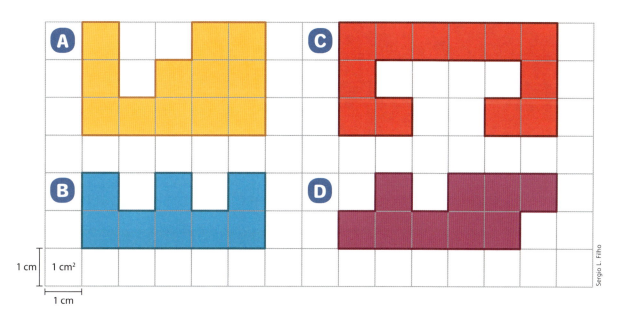

1 cm   1 cm²
1 cm

Sergio L. Filho

2. Nas imagens ao lado, a área de cada ☐ é 1 cm².

a. Calcule a área da superfície:

• azul. _____   • vermelha. _____

• rosa. _____   • amarela. _____

b. Quantas vezes a superfície vermelha corresponde à superfície amarela? _____

c. Quantas vezes a superfície rosa corresponde à superfície azul? _____

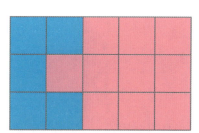

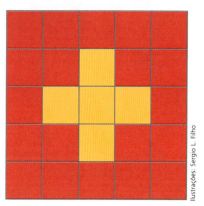

Ilustrações: Sergio L. Filho

3. Nas malhas abaixo, a área de cada ⬜ é 1 cm² e de cada ◺ é 0,5 cm².

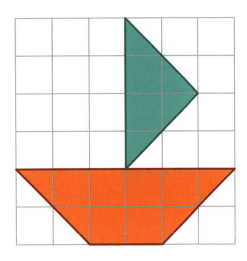
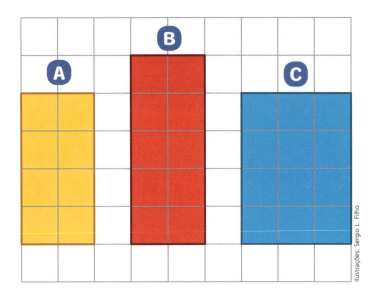

Entre os retângulos acima, qual possui área igual à do barco? _____

4. Observe as superfícies verde, azul e amarela na malha abaixo.

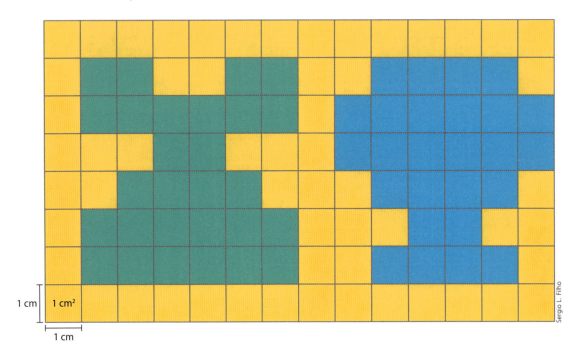

1 cm
1 cm²
1 cm

a. Faça uma estimativa e determine aquela que possui maior área.

_____

b. Determine a área, em cm², da superfície:

• verde. _____ • azul. _____ • amarela. _____

Compare os valores obtidos no item **b** com a estimativa do item **a**.

5. Veja como Priscila fez para calcular a área da figura abaixo.

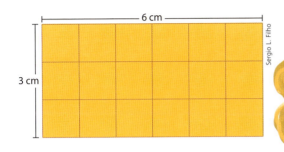

ESTE RETÂNGULO TEM 6 CM DE COMPRIMENTO E 3 CM DE LARGURA, E A ÁREA DE CADA QUADRADINHO É 1 CM².

Priscila observou que nesse retângulo há 6 colunas com 3 quadradinhos cada uma. Dessa maneira, concluiu que, para determinar a quantidade de quadradinhos, poderia calcular:

$$3 + 3 + 3 + 3 + 3 + 3 = 6 \times 3 = 18$$

Mas nesse retângulo também há 3 linhas com 6 quadradinhos cada uma, assim ela poderia calcular:

$$6 + 6 + 6 = 3 \times 6 = 18$$

Em um retângulo com 6 cm de comprimento por 3 cm de largura, cabem 18 quadradinhos com 1 cm², isto é, sua área é 18 cm².

Agora, como Priscila, obtenha a área das figuras a seguir, sabendo que a área do █ é 1 cm².

A

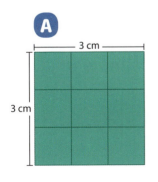

____ × ____ = ____

área: _____

B

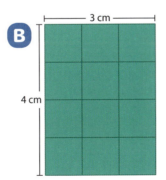

____ × ____ = ____ ou

____ × ____ = ____

área: _____

C

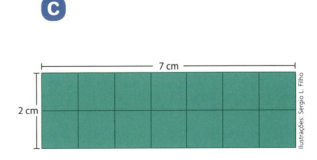

____ × ____ = ____ ou

____ × ____ = ____

área: _____

6. Na figura ao lado, a área de cada ▢ é 1 cm².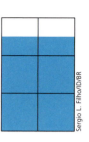

A parte pintada de azul é formada por quatro quadradinhos completos e duas metades, que juntas formam um quadradinho inteiro.

> 4 + 0,5 + 0,5 = 4 + 1 = 5
> Logo, a área da parte pintada de azul é 5 cm².

Também podemos calcular essa área por meio de uma multiplicação.

> comprimento
> $\overset{\frown}{2} \times \underbrace{2,5}_{largura} = 5$ Concluímos, novamente, que a área da parte azul é 5 cm².

Agora é com você. Determine a área das partes pintadas de azul em cada figura a seguir, de duas maneiras diferentes.

A

____ + ____ = ____

____ × ____ = ____

_____

B

____ + ____ = ____

____ × ____ = ____

_____

7. A figura a seguir é formada por três retângulos, cada um de uma cor.

a. Calcule a área e o perímetro de cada retângulo.

b. O que você pode observar ao comparar a área e o perímetro do retângulo verde com:

• o azul?

• o vermelho?

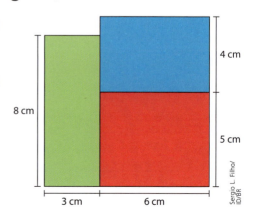

O metro quadrado e o quilômetro quadrado

Outra unidade de medida de superfície padronizada muito utilizada é o metro quadrado, representada por m².

O metro quadrado pode ser utilizado para medir, por exemplo, a superfície de terrenos ou de pisos.

> 1 metro quadrado (1 m²) é a área de um quadrado com 1 m de lado.

Pratique e aprenda

1. Péricles está calculando a área de dois quadrados.

A área deste quadrado é 1 m².

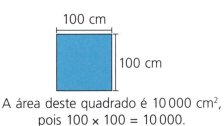

A área deste quadrado é 10 000 cm², pois 100 × 100 = 10 000.

> EU TRANSFORMEI 1 M EM 100 CM E CALCULEI A ÁREA DO SEGUNDO QUADRADO.

Assim, Péricles concluiu que 1 m² é equivalente a _____ cm².

Agora é com você. Realize as transformações entre as unidades de medida de superfície cm² e m².

a. 3 m² = _____ cm²

b. 20 m² = _____ cm²

c. _____ m² = 470 000 cm²

d. 5,6 m² = _____ cm²

2. A partir da imagem da planta baixa da casa de Cíntia, elabore o enunciado de um problema que envolva a área da superfície e a transformação entre as unidades de medida cm² e m².

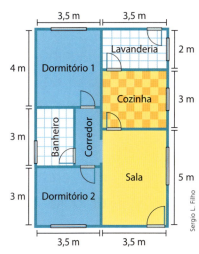

Matemática na prática

Junte-se a dois colegas para realizar a atividade.

Colem folhas de jornal, com fita adesiva, juntando-as pelas beiradas, até que seja possível formar um quadrado de 1 m de lado. Com o auxílio do instrumento de medida, tracem esse quadrado e o recortem. O quadrado construído terá 1 m^2 de área.

Usando o quadrado que vocês construíram, meçam a área aproximada da sala de aula ou de outra superfície da escolha de vocês. Lembrem-se de que a área será a quantidade de vezes que o quadrado couber na superfície, em m^2.

- Converse com os colegas e pensem em outra estratégia para determinar a área da superfície que vocês mediram.

Rogério Marmo

3. Na imagem a seguir está representado o piso da garagem da casa de Mauro.

a. Qual é o total de ladrilhos que cobrem o piso da garagem?

_____

b. Cada ladrilho tem a forma de um quadrado de 0,5 m de lado. Determine, em metros, a largura e o comprimento da garagem.

_____

c. Qual a área dessa garagem em metros quadrados?

_____

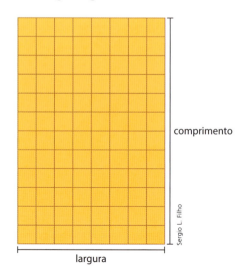

comprimento

largura

Sergio L. Filho

4. No gráfico está representada, em **quilômetros quadrados**, a área desmatada da Amazônia brasileira, ano a ano, de 2008 até 2017.

Desmatamento anual na Amazônia brasileira (de 2008 até 2017)

Fonte de pesquisa: INPE. Coordenação-Geral de Observação da Terra. Disponível em: <http://www.obt.inpe.br/OBT/assuntos/programas/amazonia/prodes>. Acesso em: 18 jan. 2018.

No texto acima, aparece o termo quilômetro quadrado, representado por km². Assim como o cm² e o m², o km² é uma unidade de medida de superfície padronizada.

> 1 quilômetro quadrado (1 km²) é a área de um quadrado com 1 km de lado.

Essa unidade é usada para medir grandes superfícies, como a de municípios e de estados.

a. De acordo com o gráfico, em que ano ocorreu o maior desmatamento?

_____

• Qual foi a área desmatada, em quilômetros quadrados, nesse ano?

_____

b. Em 2017, quantos quilômetros quadrados foram desmatados?

_____

c. Utilizando uma calculadora, determine quantos quilômetros quadrados foram desmatados de 2008 a 2017. _____

Proteção da Amazônia

A principal causa do desmatamento da Amazônia é o aumento das atividades madeireira e agropecuária nessa região. As árvores são derrubadas para a utilização da madeira e para dar lugar às plantações e à pastagem de gado. Com isso, muitos animais e plantas ficam ameaçados de extinção.

Imagem de satélite mostrando parte da Amazônia (2017)

A região amazônica envolve a extensão de nove países, incluindo o Brasil.

No território brasileiro, a chamada Amazônia Legal se distribui por nove estados.

Fonte de pesquisa: Google Maps. Disponível em: <https://www.google.com.br/maps/place/Amaz%C3%B4nia/@-3.489283,-69.8567463,3521515m/data=!3m1!1e3!4m5!3m4!1s0x91e8605342744385: 0x3d3c6dc1394a7fc7!8m2!3d-3.4653053!4d-62.2158805>. Acesso em: 22 jan. 2018.

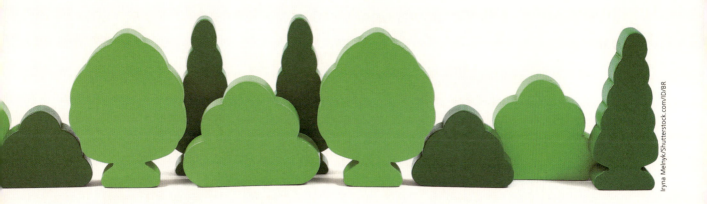

Iryna Melnyk/Shutterstock.com/ID/BR

2016 Digital Globe/Google Maps

A. Por que é importante preservar a Amazônia?

B. Que ações ambientais podem ser realizadas para sua preservação?

C. Altamira, no estado do Pará, é o município brasileiro de maior extensão territorial. Ele tem uma área aproximada de 159 533 km², de acordo com o IBGE.

- A área do município de Altamira é maior, igual ou menor do que a área desmatada da Amazônia de 2008 a 2017?

- Qual é a diferença, em quilômetros quadrados, entre a área do município de Altamira e a área da região desmatada da Amazônia de 2008 a 2017?

oriori e Jiang Hongyan/Shutterstock.com/ID/BR

Medidas de volume

Bianca está guardando alguns blocos azuis com formato cúbico em uma caixa transparente.

1. Quantos blocos Bianca já colocou na caixa? _____

2. Quantos blocos ela colocou na 1ª camada que cobre o fundo da caixa? _____

3. Quantas camadas, ao todo, ela poderá colocar dentro da caixa?

_____

Veja como ficou a caixa após Bianca ter guardado os blocos, preenchendo todo seu **espaço** interno.

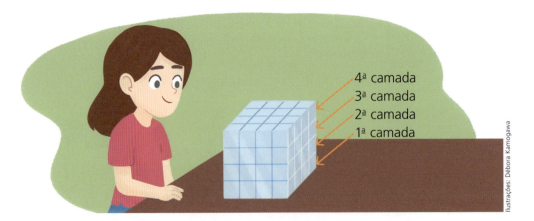

4ª camada
3ª camada
2ª camada
1ª camada

Ilustrações: Débora Kamogawa

4. Quantos blocos, ao todo, Bianca guardou na caixa? _____

Considerando cada bloco azul como unidade de medida, verificamos que a quantidade de blocos colocados na caixa equivale ao seu **volume** interno.

Nesse caso, o volume interno da caixa é _____ blocos azuis.

Pratique e aprenda

1. Douglas colocou blocos vermelhos dentro de uma caixa.

a. Quantos blocos Douglas colocou na caixa? _____

💬 • Qual foi sua estratégia para responder ao item **a**? Converse com um colega para saber se ele usou uma estratégia diferente da sua.

b. Considerando um bloco vermelho como unidade de medida de volume,

qual é o volume interno dessa caixa? _____

Letícia retirou os blocos vermelhos que Douglas havia colocado e colocou blocos amarelos para encher a caixa.

Ilustrações: Débora Kamogawa

c. Quantos blocos amarelos Letícia usou para encher a caixa? _____

d. Considerando um bloco amarelo como unidade de medida de volume,

qual é o volume interno dessa caixa? _____

e. O resultado obtido por Douglas é igual ou diferente do resultado obtido por Letícia para a mesma caixa? Justifique sua resposta.

_____

_____

2. Na atividade **1**, Douglas e Letícia obtiveram resultados diferentes ao calcularem o volume interno da mesma caixa.

Para não ocorrer essa diferença, foram definidas unidades de medida de volume padronizadas.

Uma das unidades de medida de volume que usamos é o **centímetro cúbico**, representado por cm³.

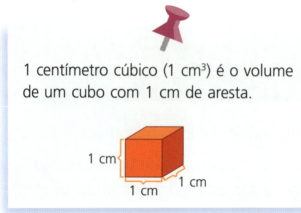

1 centímetro cúbico (1 cm³) é o volume de um cubo com 1 cm de aresta.

1 cm
1 cm
1 cm

Determine o volume, em centímetros cúbicos, das pilhas abaixo, sabendo que o volume de cada cubo nessas pilhas é 1 cm³.

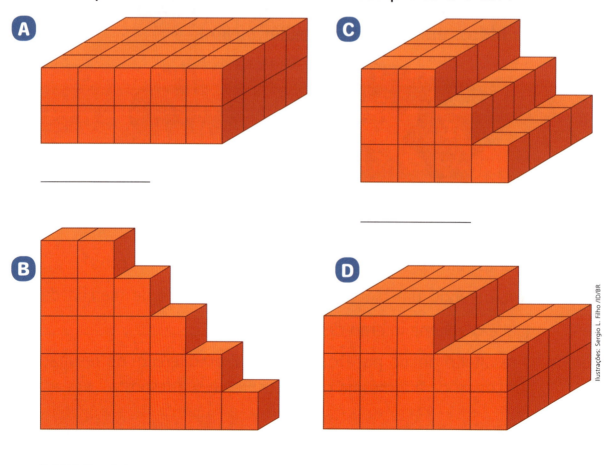

A

C

B

D

Ilustrações: Sergio L. Filho /ID/BR

3. O paralelepípedo ao lado foi construído com cubos de 1 cm³. Nele está indicado seu comprimento, largura e altura.

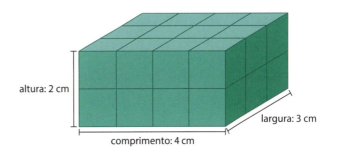

altura: 2 cm
largura: 3 cm
comprimento: 4 cm

a. Quantos cubos foram colocados na 1ª camada? E na 2ª camada?

_____

b. Quantos cubos, ao todo, foram utilizados para construir esse paralelepípedo?

_____ + _____ = _____

Assim, verificamos que em um paralelepípedo com 4 cm de comprimento, 3 cm de largura e 2 cm de altura cabem 24 cubos de 1 cm³, isto é, seu volume é 24 cm³.

Veja ao lado outra maneira de calcular o volume desse paralelepípedo, usando multiplicação.

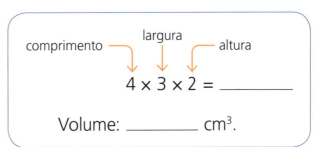

comprimento — largura — altura

$4 \times 3 \times 2 =$ _____

Volume: _____ cm³.

Agora, usando a multiplicação, calcule o volume dos paralelepípedos a seguir.

A

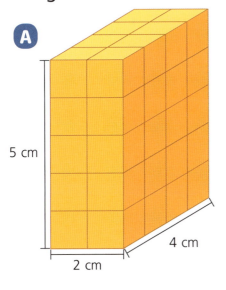

5 cm
4 cm
2 cm

B

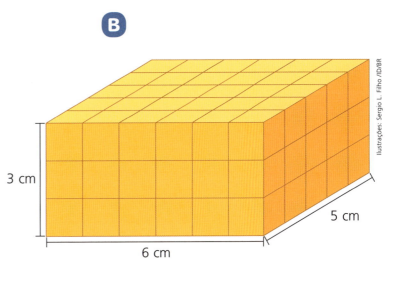

3 cm
6 cm
5 cm

Ilustrações: Sergio L. Filho /ID/BR

_____

_____

4. A imagem abaixo representa o reservatório de água que Pedro construiu em sua chácara, com as medidas indicadas em metros.

Além do centímetro cúbico, outra unidade de medida de volume padronizada é o **metro cúbico**, representado por m³.

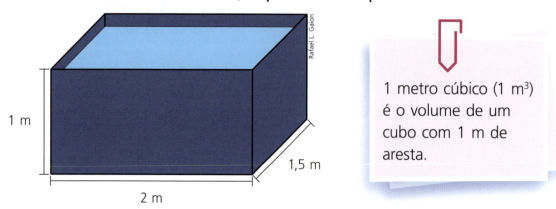

1 metro cúbico (1 m³) é o volume de um cubo com 1 m de aresta.

Em geral, essa unidade de medida é utilizada para medir o volume como o de uma piscina ou de uma caixa-d'água.

a. Calcule o volume do reservatório construído por Pedro.

b. Se representarmos o reservatório com cubos de 1 m de aresta, o volume do reservatório será a parte pintada de verde, como na figura ao lado.

Sabemos que o volume é 3 m³, mas na imagem não temos 3 cubos pintados por inteiro de verde. Explique como podemos concluir que nesse desenho temos a representação de 3 m³.

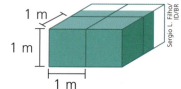

c. Calcule, em seu caderno, o volume da parte pintada de verde nas imagens a seguir.

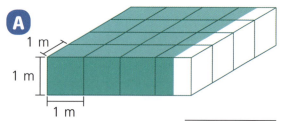

A

B

5. Na figura ao lado está representada a vista superior de uma piscina, na qual estão indicados o comprimento e a largura.

Sabendo que ela tem 1 m de profundidade, calcule seu volume interno.

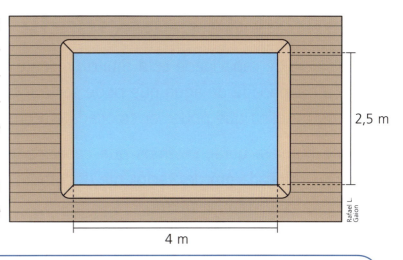

2,5 m

4 m

Rafael L. Galon

6. Veja a fatura de água referente ao mês de abril de 2019 que Fernando recebeu em sua casa.

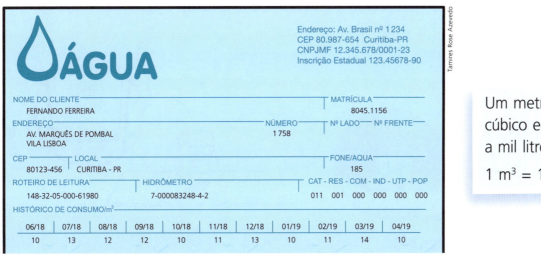

Tamires Rose Azevedo

Um metro cúbico equivale a mil litros.

$1 \text{ m}^3 = 1000 \text{ L}$

a. No mês de abril de 2019, foram consumidos quantos metros cúbicos de água? Calcule esse consumo em litros.

b. Quantos metros cúbicos foram economizados no mês de abril de 2019 em relação ao mês de março de 2019? Calcule essa economia em litros.

Medidas de capacidade

A ideia de capacidade está muito presente em situações do nosso dia a dia, como a quantidade de água que pode ser colocada em uma piscina ou a quantidade de gasolina que pode ser colocada em um tanque de combustível.

De maneira geral, dizemos que capacidade é a quantidade de líquido que pode ser colocada em um recipiente. É comum associar a capacidade de um recipiente ao seu volume interno.

As unidades de medida de capacidade mais utilizadas são **litro**, representado por L, e **mililitro**, representado por ml.

Um litro equivale a 1 000 mililitros, ou seja:

1 L = 1 000 ml

Veja alguns exemplos de produtos vendidos em litros e em mililitros.

Ilustrações: Sergio L. Filho

💬 • Cite outras situações do dia a dia nas quais são utilizados o litro e o mililitro.

Pratique e aprenda

1. O dono de uma academia decidiu fazer uma verificação nos chuveiros disponibilizados aos seus clientes, para saber a quantidade de água gasta por tempo de banho. Após a verificação, ele colocou um cartaz de conscientização nos banheiros.

   a. Quantos litros de água serão gastos se apenas um dos chuveiros for usado para cinco banhos de 15 minutos?

   b. Se o tempo dos mesmos cinco banhos for reduzido em 5 minutos, quantos litros de água serão economizados?

Ao tomar banho, pense no meio ambiente e seja consciente.

Utilização do chuveiro com economia

Um banho de **15 minutos** consome **105 L** de água.

Reduzindo o banho em **5 minutos** o consumo cai para **70 L.**

Leonardo Mari

2. A capacidade do recipiente verde é $\frac{5}{12}$ da capacidade do recipiente azul, a do recipiente amarelo é $\frac{1}{3}$ do recipiente azul e a do recipiente roxo, $\frac{1}{4}$.

Se despejarmos o líquido do recipiente azul nos demais recipientes, quantos litros caberá no recipiente:

- verde? _____

- amarelo? _____

- roxo? _____

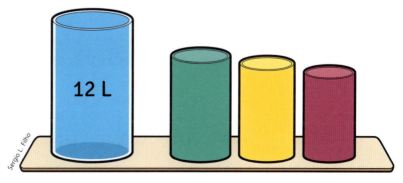

12 L

Sergio L. Filho

3. Ulisses fez 12,5 L de suco de laranja. Ao terminar de engarrafar, havia 25 garrafas cheias. Quantos mililitros de suco de laranja ele colocou em cada garrafa?

Para fazer juntos!

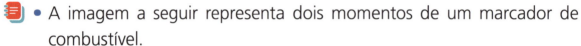

- A imagem a seguir representa dois momentos de um marcador de combustível.

partida

chegada

Tamires Rose Azevedo

Com base nessa imagem, elabore o enunciado de um problema sobre capacidade em seu caderno. Depois, troque com outro aluno para que ele a resolva e confira a resposta dele.

Ponto de chegada

Nesta unidade, estudamos medidas de temperatura, superfície, volume e capacidade. Vamos recordar? Leia e complete o que falta nos itens.

a. Vimos que o instrumento utilizado para medir

temperaturas é o _____ e que a escala de temperatura adotada no Brasil é a escala

_____, representada por _____.

O termômetro ao lado está marcando _____.

Eduardo C.

b. Para medir superfícies existem unidades de medida padronizadas, como o _____, representado por cm², e o metro quadrado, representado por _____.
Na figura a seguir, a área da parte:

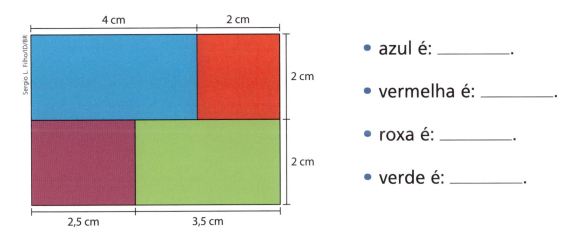

- azul é: _____.

- vermelha é: _____.

- roxa é: _____.

- verde é: _____.

c. Calculamos volumes e vimos que capacidade é a quantidade de líquido que um recipiente pode conter.

ÁGUA

Endereço: Av. Brasil nº 1234
CEP 80.987-654 Curitiba-PR
CNPJMF 12.345.678/0001-23
Inscrição Estadual 123.45678-90

NOME DO CLIENTE		MATRÍCULA	
FERNANDO FERREIRA		8045.1156	

ENDEREÇO — NÚMERO — Nº LADO — Nº FRENTE
AV. MARQUÊS DE POMBAL   1758
VILA LISBOA

CEP — LOCAL — FONE/AQUA
80123-456   CURITIBA - PR   185

ROTEIRO DE LEITURA — HIDRÔMETRO — CAT - RES - COM - IND - UTP - POP
148-32-05-000-61980   7-000083248-4-2   011 001 000 000 000 000

HISTÓRICO DE CONSUMO/m³

06/18	07/18	08/18	09/18	10/18	11/18	12/18	01/19	02/19	03/19	04/19
10	13	12	12	10	11	13	10	11	14	10

De acordo com a fatura acima:

- no mês de março de 2019 foram gastos _____ litros de água.

- no mês de dezembro de 2018 foram utilizados _____ m³ de água.

- no mês de março de 2019 foram gastos _____ litros de água a mais do que no mês de dezembro de 2018.

Podemos utilizar programas computacionais e aplicativos, entre eles as planilhas eletrônicas e os *softwares* de geometria dinâmica, para estudar conceitos da Matemática.

Geometria dinâmica

Os programas de geometria dinâmica permitem construir e manipular polígonos e segmentos de reta. Veja como é possível construir alguns deles por meio de um programa desse tipo.

Polígonos

Na **unidade 6**, estudamos polígonos e a quantidade de lados, vértices e ângulos. Vimos também que alguns polígonos recebem nomes especiais quando possuem lados com medidas iguais, como é o caso do triângulo equilátero.

Quando um polígono tem todos os seus lados e todos os seus ângulos com medidas iguais, ele é chamado **polígono regular**.

Veja como construir um polígono regular de 4 lados.

Passo 1

Com o *mouse*, clique no ícone ⬚. Depois, clique em dois locais diferentes na malha quadriculada para indicar dois vértices do polígono.

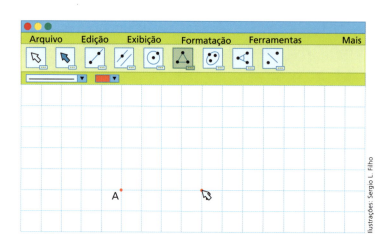

Ilustrações: Sergio L. Filho

Passo 2

Após indicar o segundo vértice, uma janela se abrirá e você poderá informar quantos vértices o polígono vai ter. O número informado deve ser maior ou igual a 3. O número informado nesse caso será 4.

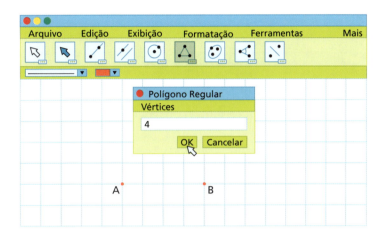

Após clicar em OK, o polígono regular com a quantidade de vértices deseja-da será construído.

Como vimos na página **124**, o quadrado é o polígono que possui todos os lados com medidas iguais e todos os seus ângulos são retos, logo o quadrado é um polígono regular.

Para verificar as medidas dos ângulos do quadrado ou de outro polígono qualquer, selecione o ícone e clique dentro do polígono.

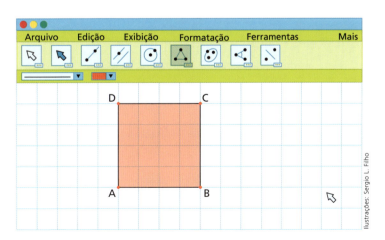

Ilustrações: Sergio L. Filho

Ampliação e redução de figuras

Na **unidade 6**, estudamos a ampliação e a redução de figuras usando a malha quadriculada. Agora, vamos verificar como essas construções podem ser feitas em um *software*.

Passo 1

Com o mouse, clique no ícone e construa um polígono qualquer. Ele será a sua figura original.

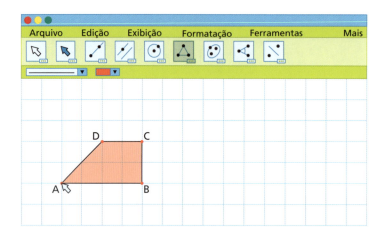

Passo 2

Em seguida, clique no ícone . Esse ícone permite construir uma ampliação ou uma redução de uma figura.

Clique na figura original e, depois, em um local qualquer da malha quadriculada. Uma janela se abrirá para que você informe um número.

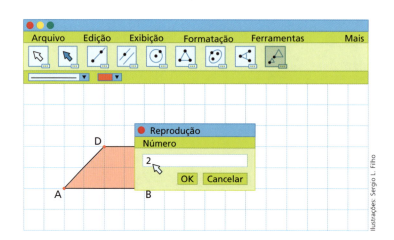

Ilustrações: Sergio L. Filho

Para obter uma ampliação da figura original, escreva um número maior do que 1. Por exemplo, escrevendo o número 2, obtemos uma figura cujos lados medem o dobro dos lados da figura original.

Clique no botão OK para obter a figura desejada.

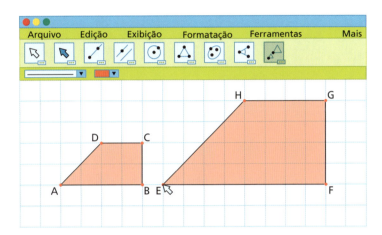

Para obter uma redução da figura original, escreva um número entre 0 e 1. Por exemplo, escrevendo o número 0,5, obtemos uma figura cujos lados medem a metade dos lados da figura original.

Clique no botão OK para obter a figura desejada.

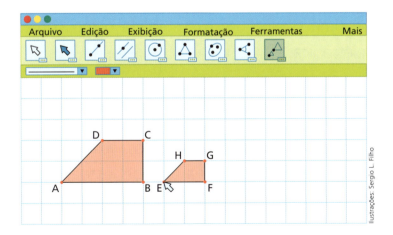

Ilustrações: Sergio L. Filho

Podemos verificar que as medidas dos ângulos correspondentes em cada figura são congruentes, clicando no ícone e depois dentro de cada uma das figuras. As medidas dos ângulos vão aparecer e você vai constatar que essas medidas são as mesmas para os ângulos correspondentes nas duas figuras.

Planilha eletrônica

As planilhas eletrônicas são compostas por colunas e linhas, cujo encontro denomina-se **célula**.

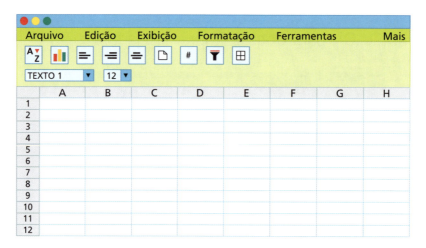

Usamos planilhas eletrônicas, porque elas são práticas para organizar e apresentar informações por meio de tabelas e gráficos.

Gráfico de linhas

Na **unidade 10**, você estudou o gráfico de linhas, lendo e interpretando informações nesse tipo de representação. Como vimos, o gráfico de linhas é utilizado quando há a variação de uma grandeza no decorrer do tempo.

Observe na próxima página um exemplo de como construir um gráfico de linhas na planilha eletrônica.

Passo 1

Copie para a planilha as informações que devem aparecer no gráfico. No exemplo a seguir, apresentamos as temperaturas observadas em alguns horários do dia 19/01/2018 na cidade de Campina Grande, estado da Paraíba.

	A	B	C
1	Horário (h)	Temperatura (°C)	
2	12	22,7	
3	13	25,1	
4	14	23,4	
5	15	21	
6	16	20,3	
7			

Ilustrações: Sergio L. Filho

Passo 2

Com o *mouse*, selecione os dados que você inseriu na planilha e construa o gráfico de linhas, clicando no ícone ![icone].

	A	B	C
1	Horário (h)	Temperatura (°C)	
2	12	22,7	
3	13	25,1	
4	14	23,4	
5	15	21	
6	16	20,3	
7			

Passo 3

Personalize sua construção inserindo o título do gráfico e a fonte de pesquisa.

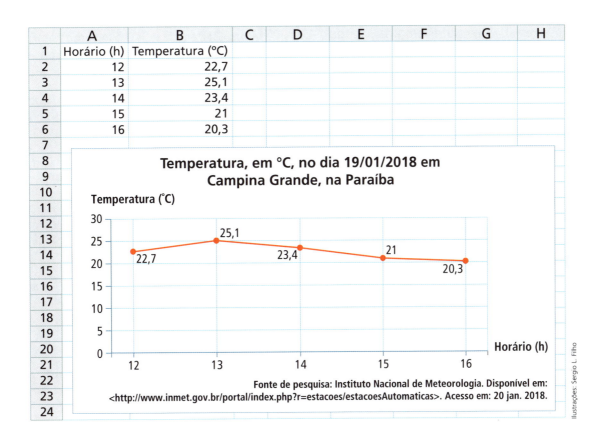

Fonte de pesquisa: Instituto Nacional de Meteorologia. Disponível em: <http://www.inmet.gov.br/portal/index.php?r=estacoes/estacoesAutomaticas>. Acesso em: 20 jan. 2018.

Ilustrações: Sergio L. Filho

Bibliografia

BOYER, Carl Benjamin. *História da Matemática*. Tradução de Elza F. Gomide. São Paulo: Edgard Blücher, 2010.

BRASIL. Ministério da Educação. *Base Nacional Comum Curricular*. Proposta preliminar. Terceira versão revista. Brasília: MEC, 2017. Disponível em: <http://basenacionalcomum.mec.gov.br>. Acesso em: 10 out. 2017.

_____. Ministério da Educação. *Diretrizes Curriculares Nacionais Gerais da Educação Básica*. Brasília: MEC/SEB/DICEI, 2013.

_____. Ministério da Educação. Secretaria de Educação Básica. *Guia de Tecnologias Educacionais*: da Educação Integral e Integrada e da Articulação da Escola com seu Território. Brasília: MEC/SEB, 2013.

CARVALHO, Dione Lucchesi de. *Metodologia do ensino da Matemática*. 3. ed. São Paulo: Cortez, 2009 (Coleção Magistério 2º grau).

COLL, César et al. *O construtivismo na sala de aula*. Tradução de Cláudia Sclilling. 6. ed. São Paulo: Ática, 2006.

DANTE, Luiz Roberto. *Formulação e resolução de problemas de Matemática*: teoria e prática. São Paulo: Ática, 2009.

DIAS, Marisa da Silva; MORETTI, Vanessa Dias. *Números e operações*: elementos lógico-históricos para atividade de ensino. Curitiba: Ibpex, 2001 (Série Matemática em Sala de Aula).

Educação Matemática e Tecnologia Informática. Disponível em: <www2.mat.ufrgs.br/edumatec>. Acesso em: 22 dez. 2017.

EVES, Howard. *Introdução à história da Matemática*. Tradução de Hygino H. Domingues. Campinas: Unicamp, 2004.

FAZENDA, Ivani Catarina Arantes et al. Avaliação e interdisciplinaridade. *Revista Interdisciplinaridade*, São Paulo, v. 1, n. 0, out. 2010. Disponível em: <http://www.pucsp.br/gepi/revista_interdiscipli naridade.html>. Acesso em: 22 dez. 2017.

_____. *Integração e interdisciplinaridade no ensino brasileiro*: efetividade ou ideologia. São Paulo: Loyola, 2011.

_____. *Interdisciplinaridade*: história, teoria e pesquisa. Campinas: Papirus, 2012 (Coleção Magistério: Formação e Trabalho Pedagógico).

LUCKESI, Cipriano Carlos. *Avaliação da aprendizagem escolar*: estudos e proposições. 18. ed. São Paulo: Cortez, 2006.

MACHADO, Nílson José. *Epistemologia e didática*: as concepções de conhecimento e inteligência e a prática docente. 5. ed. São Paulo: Cortez, 2003.

MOURA, Dácio G.; BARBOSA, Eduardo F. *Trabalhando com projetos*: planejamento e gestão de projetos educacionais. Petrópolis: Vozes, 2011.

STAREPRAVO, Ana Ruth. *Jogando com a Matemática*: números e operações. Curitiba: Aymará, 2009.

SUTHERLAND, Rosamund. *Ensino eficaz de Matemática*. Porto Alegre: Artmed, 2009.

TEBEROSKY, Ana; TOLCHINSKY, Liliana. *Além da alfabetização*: a aprendizagem fonológica, ortográfica, textual e matemática. São Paulo: Ática, 2008.

TORRES, Juan Diego Sánchez. *Jogos de Matemática e de raciocínio lógico*. Tradução de Guilherme Summa. Petrópolis: Vozes, 2012.

✂ RECORTE

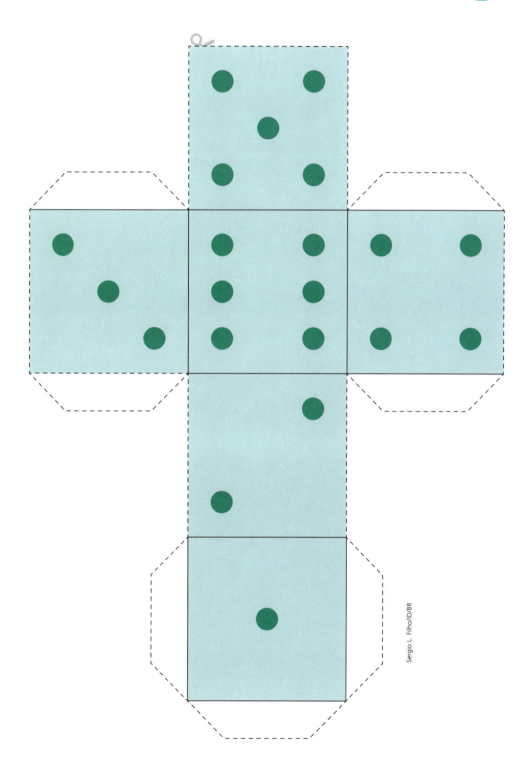

Sergio L. Filho/ID/BR

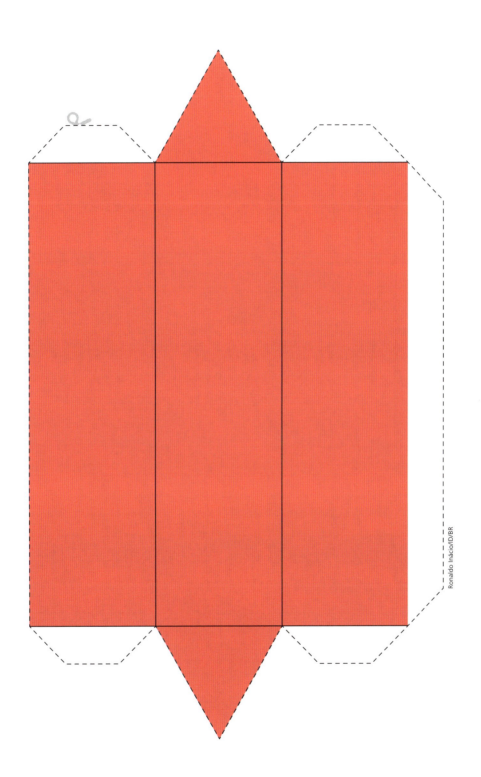

Ronaldo Inácio/ID/BR

Sergio L. Filho

Referente à unidade 7 Página 153

$\frac{12}{16}$	$\frac{24}{32}$

$\frac{8}{32}$	$\frac{1}{5}$

$\frac{2}{6}$	$\frac{4}{10}$

$\frac{2}{4}$	$\frac{16}{80}$

$\frac{6}{8}$	$\frac{4}{20}$

$\frac{16}{24}$	$\frac{4}{10}$

$\frac{1}{3}$	$\frac{4}{20}$

$\frac{2}{10}$	$\frac{8}{40}$

$\frac{4}{16}$	$\frac{16}{40}$

$\frac{8}{12}$	$\frac{2}{10}$

$\frac{16}{32}$	$\frac{2}{5}$

$\frac{3}{4}$	$\frac{8}{20}$

$\frac{1}{5}$	$\frac{32}{80}$

$\frac{2}{5}$	$\frac{8}{20}$

Caroline Romão Bezerra

✂ RECORTE

$\dfrac{8}{16}$	$\dfrac{4}{8}$		$\dfrac{4}{12}$	$\dfrac{32}{48}$		$\dfrac{4}{6}$	$\dfrac{4}{16}$
$\dfrac{1}{2}$	$\dfrac{16}{48}$		$\dfrac{2}{3}$	$\dfrac{8}{12}$		$\dfrac{2}{8}$	$\dfrac{16}{64}$
$\dfrac{2}{6}$	$\dfrac{8}{24}$		$\dfrac{2}{4}$	$\dfrac{1}{4}$		$\dfrac{1}{2}$	$\dfrac{48}{64}$
$\dfrac{4}{8}$	$\dfrac{4}{6}$		$\dfrac{1}{3}$	$\dfrac{2}{8}$		$\dfrac{4}{12}$	$\dfrac{3}{4}$

$\dfrac{2}{3}$	$\dfrac{6}{8}$		$\dfrac{1}{4}$	$\dfrac{12}{16}$

Caroline Romão Bezerra

✂ RECORTE

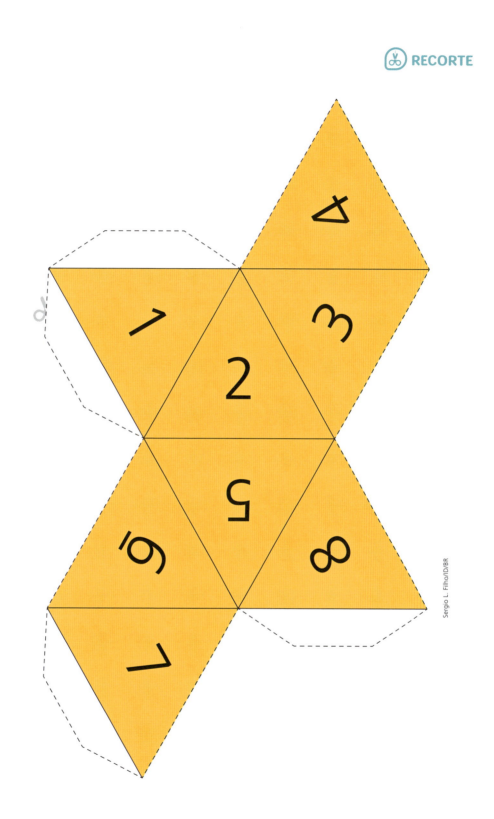

Sergio L. Filho/ID/BR